看见、倾听及改变

我们的孩子

子どもの心の育てかた

[日] 佐佐木正美 著
周志燕 译

北京时代华文书局

目 录

カタログ

客观的思考本领是理智，理智后面的情感态度是谦卑。要客观，要使自己理智，就只有采取谦恭的态度才可能做到，只有在人们从孩子般的对大千世界无所不知、无所不能的幻梦中清醒过来以后才能做到。

教育就是帮助孩子实现其潜力。

爱是对所爱对象的生命和成长的积极关心。

——弗洛姆《爱的艺术》

序

我们的孩子：看见、倾听与改变

我在大学医院的儿童精神科、小儿科以及儿童福利设施、区域性医疗福利设施部门工作了50余年。

作为一名从事儿童及青少年精神医学的临床工作者，我怀着“希望孩子们富有朝气、平安顺利地度过每一天”的愿望，走过了漫长的岁月。每一天，我都以守望孩子身心的姿态同他们一起成长。而这样的结果是，我受益匪浅，过得很幸福。

我认为，孩子的降生、养育是人类最富有创造力的活动。

每个孩子都是带着美好的祝愿来到这世上，我们爱孩子，看重孩子，希望他们能拥有健全的人格，拥有过上幸福生活的能力。但从很多前来咨询的家庭中，我感知到，孩子到底怎么养的焦虑时代已经降临；现如今的孩子也生活在各种限制之中，我在他们身上感觉不到自由的气息。家长想要一个听话的孩子，别乱跑，别乱丢东西，要有礼貌，能主动按时完成作业，要学会控制自己的情绪；学校老师想要一个乖乖的学生，能安静听老师讲话，不会和小朋友有冲突，定时吃饭、定点如厕，等等。总之要把孩子培养成一个理想的社会人：温和的微笑，彬彬有礼的举止，会照顾自己和别人，有分寸感、幽默感又能共情，在公共场合安静得有如不存在，如果存在也必是衣冠整洁优雅帅气的存在。

这同时给我一种痛心的感觉——觉得谁也不用心倾听、接受孩子们的内心需求的时代已经来临，可怜的孩子们活在成人的期待里，活成成人追求的速成品。

然而，4—8 岁的孩子在一个问题上多次犯错，这是常态。多数父母的解决办法是刚开始还能细心教导，后面犯错多了索性置之不理或打骂了事。父母缺乏耐心和智慧，不懂得如何引导孩子更好地进步，只看得到孩子哭闹、叛逆，而没有认真观察和分析孩子这些行为下的内心渴望。

孩子所有行为背后的本质需求是什么？你倾听过吗？接受过吗？从而改变过自己的行为吗？

每个孩子都是独立的存在，如万物般各式各样的存在。请给予孩子以成人般的尊重和看待。但愿，所有的父母都能够倾听我们的孩子，关注孩子的内心，关注孩子的情绪及欲望。

如果你能体会孩子的体会，感受孩子的感受，接纳孩子的一切，给予孩子高质量和有智慧的爱，孩子的心灵也必将变得丰富而温暖、辽阔而宽广，他们必将拥有一个美好的未来。想让孩子形成健全的人格，0—12 岁的养育工作是关键。

在本书中，我除了将永远不会变的关键点“给孩子无条件的爱，全然地满足孩子的需求，倾听孩子的心声，看见孩子的意愿，给予他们无条件的爱”作为重中之重阐述，还加入了一些我随着时代推移产生的新想法。

我盼望，父母、祖父母、老师等，无论是短暂的育儿期，还是从幼儿期到青春期这段稍长的时期，都乐于和孩子一起在学习中成长，做个有觉知的大人。

爱的本质，是成人的自修。你的样子，就是孩子的样子。也希望无论从哪一篇看起，你们都能轻松阅读。如果你能在关注孩子成长的各个时期时常翻开看看，我将感到十分荣幸。

我从心底祈愿拙作能给你的日常生活和育儿生活发挥一点作用，给孩子们带去幸福。

孩子说的话，请耐心地倾听。

孩子表面行为下掩藏的内心需求，请及时地看见。

孩子期望得到的东西，请慷慨地给予。

一定要以一颗珍视孩子的心温柔且有智慧地培育我们的孩子。

看见、倾听与改变。

佐佐木正美

第一部分

我们的孩子：看见、倾听与改变

所谓爱一个人，即在将对方视为无可替代的人的同时，拥有一颗爱惜对方的心、一颗想让对方的生命朝着其原本使命伸展的心。

——神谷美惠子

教育和建筑一样，最重要的是地基。

而且这部分也是最难返工的。

想让孩子形成健全的人格，

0—12 岁的养育工作是关键。

“人格”所对应的英语是“personality”。“personality”和意为“个人”的“person”是同一语源，我觉得可以将它理解为“人作为特有的人应有的状态”。

“性格”所对应的英语是“character”。其意为人自身的态度和行为所表现出来的个性倾向。相比“性格”，“人格”更接近根源，它指的是个人所特有的人性的形成状态。

人格的形成将持续一生。

我们在建造建筑物时，首先必须浇筑混凝土，即打地基。在此基础上，立柱子，铺地板，葺房顶，刷四周墙壁，铺地毯，最后搬入家具便大功告成了。无论哪种情况，最重要的都是地基。地板、墙壁等在地基之后施工的东西，不论多少都能返工，而且返工起来也很容易。而最后置入的家具如果想要替换的话则更为容易。

人格的塑造与建筑的建造是同一回事。

建筑上“容易返工的部分”，延伸到教育上，相当于我们的人格塑造的后半段——大学教育。所谓大学教育，即我们在教育生涯的后半部分人生观、世界观、价值观的教育。越到后面，越容易修正返工。比如，有的人接连换了两三所大学才毕业，而有的人六七十岁还在大学校园学习。

但是，高中、初中、小学，越靠前则修正的难度就越大。虽说并非没有返工的可能，但你有看过长大后再回幼儿园重新接受教育的报道吗？基本上是不可能的。而更早前的婴幼儿时期则相当于建筑的地基部分。

建筑的好坏以及稳固与否由地基决定。日本是个多地震的国家，但建于公元 607 年的日本法隆寺五重塔挺立了 1300 多年依然稳稳地矗立在那里。这是因为当初建塔时建造师选择深挖地基，在挖到地表下 1.5 米后填上黏土，再用沙子夯实，不断重复这样的工序，直到地基高度超过地面约 1.5 米。地基的重要性可见一斑。

人格亦是如此。是积极健康的人格还是不稳定的危险性人格，基本上和打造混凝土地基的时期有关系。虽说之后并非无法更正，但修理、修正偷工减料或失败的基础工程，和重修地基一样，是一件非常困难的事。如果建筑倒塌了，我们甚至可以换一个地方重新建造。但人生哪里能推倒重来呢？

我经常听到一些从事青春期心理问题治疗或青春期精神医学研究的人在感慨，他们经常对自己在做的事情感到无力。他们之所以会有这种感觉，是因为很多时候他们不管怎么努力，对青春期孩子的正向劝导都难有成效。日本著名心理学家河合隼雄也说：“与其到了青春期这一步才开始头疼到底怎么跟孩子接触，不如好好把握住青春期之前跟孩子的关系。”

在青春期之前的婴幼儿时期如果没有为孩子的人格塑造打下坚实的地基，孩子成长后就会出现很多问题。所以大家能理解早期的育儿工作有多么重要了吧！

总之，如果想让孩子形成健全的人格，做好早期的养育工作是关键。请家有儿女的大人们记住，你正在做的将决定一个人的人格基础。

也有爸爸妈妈们向我咨询，拥有健全人格的孩子，有哪些特征？这真是一个难以回答的问题，但综合大多数专家、教育家们的经验，列选了以下诸条供参考（同样也适用于成人）：

1. 活力。除了睡觉和生病时，则是全天候地活力四射。

2. 专注。喜爱反复地集中于一本书或一个玩具，而且非常专注。

3. 自主选择。相反，过分听话和乖，代表的是不自信和自我意志的薄弱。

所谓“自由”，即“由自己”。详细地说，便是“不依靠他人，自己决定、自己选择”。因此，“自由”含有“自己能控制、能停下”的意思，与“自由任性”“随心所欲”等词的意思正好相反。也就是说，“自由”也伴随着“不能归咎于谁”的责任。（渡边和子女士对自由、自主的阐释）

4. 强烈的求知欲。孩子对自身和外部的世界充满了好奇，有强烈的探索欲望，什么都想去尝试、发现、体验。

5. 情绪稳定。乐观而又谨慎，悲悯而不抱怨。

6. 有逻辑、有条理。

7. 务实、求真、向上、向善，有向美之心，有感恩之心。

8. 自省能力强。能自律以及自我控制。

9. 自知。有决心改变自己或者接受并且体谅自己的不完美。

10. 人际沟通能力强。懂得互助合作。

11. 判断能力强。能运用理性和智慧，评估局面。会正确判断、正确选择并为此负责的人。

0—3岁，给孩子无条件的爱。

早期育儿的基本原则就是尽可能地满足孩子的需求。

孩子先有情感上的依恋与满足，

而后才有人格上的自信与独立。

虽然我们不能说“在什么时期之前很重要，之后就不重要了”，但一般认为，婴幼儿的早期，即0—3岁是非常重要的时期。“三岁看大”这句古人流传下来的谚语，其实含有很深的意味。

根据科学研究来看，3岁以前是孩子大脑发育的重要时期。孩子3岁时脑部发育基本固定，已接近于成年的脑重量。0—3 岁，孩子从仰式、抬头、爬行，到站立、走路，从牙牙学语到逐步探索外部的世界，生理基础逐步趋近成熟的同时，心理建设也在悄声形成。这个阶段是孩子对父母的依恋形成期，也是自我意识萌芽期。孩子开始对自我形成认知，逐步了解自己是个怎样的人，以及慢慢探索想要成为什么样的人。在一张白纸的阶段，此时接受什么样的涂画，就会形成什么样的人格画像。

以极具划时代意义的形式分类、整理孩子的发育期和发育顺序的是爱利克·埃里克森(Erik H Erikson)(译注：美国精神病学家、发展心理学家和精神分析学家)。埃里克森将人的生命周期分为八个发展阶段：婴儿期（0—18 个月)、幼儿期（18 个月—3 岁)、学龄前期（3—5 岁)、学龄期（6—12 岁)、青春期（12—18 岁)、成年早期（18—25 岁)、成年期（25—65 岁)、成熟期（65 岁以上)。他通过生命周期理论向我们展示了作为社会性存在的人其人格健全及人格不健全的状态。每个发展阶段都会出现一个主要冲突或危机，如果没有解决当下时期所对应的问题，人在成长的过程中就会产生一些危机。也只有将每个阶段的核心发展任务完成后，人才能以健康的状态朝着成熟的路线前进。

埃里克森将婴儿出生后 12—18 个月的这段时期称为“绝对依赖期”。根据埃里克森的理论，人在第一个发展阶段需要解决“信任对不信任”这个危机，并且他认为该时期为婴儿获得对周围世界的信任感这种重要的感觉奠定基础。

一样米养百种人。现实生活中，既存在对他人有很强信任感的人，也有对他人信任感很弱的人。如何培养孩子建立起“基本信任”的能力呢？埃里克森表示，从婴儿的立场出发，就是自己的需求能被父母看见并得到充分的满足。

几十年前，在欧洲的学者、研究者以及临床医生间，对是否应该无条件满足婴儿的需求，出现了不同的意见。于是研究者们进行了一项深夜哺乳实验。

将婴儿分为两组，第一组婴儿在白天只按规定时间哺乳，而夜里不管怎么哭泣，都不给喂奶；第二组婴儿则是无论何时只要想吃，就会哺乳，而且只要是孩子期待的，比如玩耍、抱抱等，就尽可能满足。

第一组婴儿开始连续三天都会哭泣，但如果坚决不安抚、不喂奶，大多数婴儿在一周之后就不会哭到天亮，而是学会了等待大人来喂奶。有研究者称："那些仅过了三天便不再哭泣到天明的孩子有了大人期待的忍耐力，认识到了现实，这不是聪明的孩子吗？"

但事实果真如此吗？研究者们对这些婴儿进行了持续的追踪观察。

结果证明，那些等待到天明的孩子不仅没有长成具有较强忍耐力的人，反而成了在困难面前容易退缩，很快放弃的人。而按照每个小孩的个性和要求来养育的第二组婴儿则成长为不断努力精进的人。

在第一组婴儿哭泣得不到回应的煎熬中，他们终于知道不会有人给自己回馈，而不得不停止哭泣，而这在婴儿幼小的心灵中会形成一种对周围人和世界的恐惧和愤怒以及根深蒂固的不信任感，还有对自己的无力感。

信任是婴儿对父母的强烈依恋关系的自然伴随物，因为父母为孩子提供了食物、温暖以及由身体接触带来的安慰。无论是婴儿的挥手、微笑，还是吵闹、哭泣等，如果父母能及时地看见并回馈，给予孩子温暖的满足，孩子就会对周围的人和环境充满基本的信任，从而对自己也产生自信。而如果孩子的基本需求没有得到满足，缺乏身体的接触和温暖的情感或是照料者经常不在身边，孩子就可能发展出一种强烈的不信任感、不安全感和焦虑感。在绝对依赖期需要培养的这种信任感与孩子将来的自信、自律意识息息相关，所以这是一个很重要的时期。

而在这一时期孩子还小，所以他的需求也比较简单，饿了希望能吃到奶，尿了希望能换到干净舒服的尿布。比起孩子长大后父母再去费心费力影响改变孩子，这个时候孩子的需求不知道多简单！

虽然人格的塑造与形成将持续一生，但其地基部分的建设工作基本在 3 岁前便能完成。0—3 岁是比幼儿园时期更早的阶段，孩子还身处家庭的羽翼之下。换言之，在打地基时，家庭的和谐及父母爱的关注是奠定孩子温暖人格的重要因素。每个孩子人格的地基建设也应该在家庭环境中完成。因为家庭才具有独一性。

保育园、幼儿园以及小学所教的东西以及赋予孩子的特性并不具有这种“独一性”。虽然每个学校都有“校风”“校训”等体现学校特点的东西，但给予孩子人格上的独特性并不强。在最重要的独特性、带个人色彩的部分上，家庭发挥着至关重要的作用。

请这么想：保育园和幼儿园相当于在家庭建好的地基上慢慢支起柱子、铺地板的地方。

而小学、中学、高中则分别是为孩子们建造墙壁、葺房顶、装修室内的地方。

大学、研究生院对于人格的形成而言，或许就相当于家具的搬入、外部的装潢加工。外表虽然看起来很华美，但无论什么时候都能返工。

早期育儿的基本原则就是尽可能地满足孩子的需求。孩子先有情感上的依恋与满足，而后才有人格上的自信与独立。对孩子的人格关照，越早越好。婴幼儿期做得好了，孩子到学龄期、青春期，基本上不会有什么成长障碍。

在如厕训练等事情上，
在孩子自律意识形成期，
过度批评和过度表扬都会阻碍孩子的成长。

在绝对依赖期之后，便是2—3岁的幼儿期——我觉得也可以将该时期扩大至1—3岁（译注：根据埃里克森的理论，人在第二个发展阶段需要解决“自主对自我怀疑”这个危机。埃里克森认为，在第二个阶段中过分地约束和批评孩子可能导致他们出现自我怀疑）。在该阶段，孩子的身体肌肉等都变发达了，吃饭、穿衣、排泄等日常生活习惯也已养成。因此，这是孩子学习制约自己的冲动和其他情感，培养自律意识的时期。

在这个时期，如果孩子拥有过多自己的行为被批评、被否定之类的“负面体验”，孩子便会产生以自我存在为耻的感觉，并开始怀疑自己的存在是否有价值。当孩子失败的时候，“父母露出很讨厌的表情”“被严厉批评，说这是坏行为”“因没有做到父母期待的样子而被反复提醒‘这样不好’”等，都会产生负面效果。

以如厕训练来说。一般两岁左右就应该对孩子进行大小便训练了。这个时候,大人们会把孩子的裤子脱下来，让他在儿童便桶上尿尿或拉臭臭。但事实情况是，大人刚让孩子坐下，他们又摇摇晃晃走开，尿在地板上或拉在裤子里。如果这个时候大人对孩子进行训斥，告诫孩子下次一定要尿在尿桶里，不然就要打屁屁等行为，就会让孩子感到痛苦，并产生一种无力感。这种强制管教从本质上是他律性，而不是自律性。因为他们自己无法顺从自己的本性做出正确的判断，而只是在父母的管教下才形成的习惯。

有些孩子因父母极其严格的管教而掌握技能，但父母应该看见并了解，这是虚有其表的“假前进”。原本排泄是一件心情愉悦的事，可在知道这一点前，孩子会因为渴望得到父母的表扬而学会如厕。知道这种“假前进”的孩子，之后偶尔会出现舔手指等行为，将含有敌意、攻击性的情感转向内部。

一般认为，在问题表露出来之前，孩子大多是非常温顺的，但到了某个阶段，问题可能就会以拒绝上学、拒食等形式表现出来。比如，我曾经接触过一名成绩优秀、运动能力也很出色的少年，幼儿时期父母反应很听话，温顺，但到了青春期后就开始拒绝上学，并显示出激烈的家庭暴力倾向。经过沟通才了解，这名少年小时候是看着大人的脸色长大的，小时候受到父母的过度控制，到了青春期出现了爆发式的反抗。我接触过很多从小在父母打压下成长起来的孩子，我很为他们心痛。挫折教育，已经让孩子们丧失了快乐的能力。因此，在孩童时期即使是很小的事情,如孩子弄脏了尿布、贴身衣服,也请大人不要皱着眉头训斥孩子，说“真讨厌”“这样不对啊”“太脏了”等之类的话。

为了让孩子能按照自己的意志和选择决定行为，我们应巧妙地给孩子提供援助。而在高明的援助下成长起来的孩子对自己所处的世界或自身往往持有好感和积极的态度——用通俗的话说，即他们能为今后持有自律、自立的态度或健全的自尊心等积极的东西打下基础。

必须注意的是，在孩子表现好时过度表扬孩子也不是一件好事。因为表现好时的“过度表扬”其实是在告诉孩子当他们失败时，父母到底有多么失望。就如厕训练来说，因为孩子早一点或晚一点学会上厕所，都很正常，所以因孩子一次便能学会而过度表扬，反而不太好。也没必要佯装不知，请用非常平常的语气表扬孩子吧！

这是一个为孩子将来站在必须二选一的人生十字路口时持有自我决断力打下基础的时期。让孩子通过如厕训练知道去厕所排出在这之前从未觉得脏的排泄物是件“很舒服的事情”，也是为他们将来持有决断力做准备。有时候，如果在开展如厕训练时强迫孩子做什么或用极端的赞词引导孩子，会妨碍孩子形成健全的自律意识和自立意识。

心理发展学家爱利克·埃里克森说：

“人的心理发展存在一定的基准，他没有跳级可言。

即使表面上呈现出某些进步，那也是徒有其表，

必将倒退回来。”

从如厕训练差不多大告成功的时候（即将告别 3 岁的时候）开始，孩子们已经能非常自如地活动。也就是从这个时候开始，他们经常以充满好奇心的姿态开展各种探索活动。可以说这是一个父母一方面非常担心他们是否会受伤或迷路，而另一方面又觉得他们越来越厉害的时期。经过婴儿阶段的“绝对依赖期”以及“自律意识萌芽期”，孩子们才能迎来这个活跃期。差不多这个时

期便是决定孩子“是成为主动性强、拥有丰富的感受力的孩子，还是成为让人总觉着怀有罪恶感的孩子”的一个分水岭。在拥有充足的依赖体验后培养起自律意识的孩子，会从即将告别 3 岁的时候开始向能尽情发挥“主动性”的阶段迈步。

孩子通常从出生到 18 个月的这段时间建立起对周围人的基本信赖感，紧接着在 3 岁多之前培养起自律意识，但有时在应培养起自律意识的时期，孩子对自身的“羞耻感”或“疑惑感”会在他们心中扎下根来。觉得自己的行为可耻或怀疑自己是否有价值，肯定与大人的行为有关系。比如有的父母为了让孩子早日培养起“自律意识”“主体性”，在应培养自律意识的时期来临之前便开始严格管教孩子。当孩子以渴求的目光希望得到大人的帮助时，他们总是熟视无睹，或故意袖手让孩子自己解决；当孩子哭了也不去抱孩子、安慰孩子。请大家记住，这么做不仅不会培养孩子的独立性，反而会适得其反。在孩子还对父母有情感依赖时，他们渴望自己被时时刻刻地接纳、爱护。这种接纳和爱护才会让孩子产生积极向上的生命力，萌发出生命成长阶段所需的自律性。因此，在孩子成长发育这件事上，没有级可以跳。心理发展学家爱利克·埃里克森也说："人的心理发展存在一定的基准，他没有跳级可言。即使表面上呈现出某些进步，那也是徒有其表，必将倒退回来。"也就是我们前面提到的"假前进"。因此无论是什么样的孩子，只要曾跳过必要的发育步骤，大多无法成长为健康、健全的孩子。

通过对孩子的需求有求必应，即尽可能多地重复"孩子一投来渴盼的目光就去询问孩子的需求""孩子一哭便飞奔过去抱起孩子""孩子一挥手、一微笑便及时回应"这些行为，孩子便能建立起对自己和他人的"绝对信赖感"。如果父母不能看见孩子内心的需求并及时回应、满足，"自律意识"就培养不起来。而孩子如果缺乏"自律意识"，那么下一阶段的主动性、主体性便无法产生。

看见孩子淘气背后的真相。

通常，他们通过从高处跳下学习高低的概念，通过扔东西或举起东西理解轻重和软硬，通过摔倒或碰撞体会痛的感觉……

孩子智力的发展源于体验而非教导。亲身体验的感观力永远大于父母的教导力。

这是孩子成长发育的必经阶段。

进入幼儿期，孩子会跑会跳后，他们身上好像有了用不完的精力，只要没有在睡觉，就一定是在跑上跑下，不知疲倦地探索着。通常这个时候，孩子的行动范围会从自己家、朋友家不断扩大至公园甚至离家稍稍有些远的邻镇。这很正常，如果不这样，反而有些奇怪。有句歌词叫“像不知疲倦的孩子一样”，它说的正是这个时期的孩子。只要没有危险，家长们就允许孩子来扩大他们的活动范围吧！

这个时期的孩子调皮捣蛋，用通俗的话来说，到了“人嫌狗不待见”的年纪。他们看起来像是在胡乱使用身上的过多能量，实际上也是如此。突然开始没有意义的奔跑；只要看到高一点的地方，就一定要上去；一看见台阶就没有目的地胡乱跑上跑下；把流浪猫捡回家；按响素不相识的人家的门铃后逃跑……渐渐地，大人会越来越难以控制孩子的行为，常为他们的淘气不听话而感到头疼。但我想告诉家长们，这没有什么，而是孩子成长发育的必经阶段。这一时期的孩子，什么都想尝试一下，意味着他在探索、在思考。这个时候大人需要做的，就是以温柔的目光回馈孩子。无论孩子说什么，都及时回应；孩子不确定该怎么做时，要予以适当的指导。

幼儿期的孩子通过活动身体、亲自尝试来进行思考。他们不活动身体便无法增长智慧——因为孩子在6岁之前不接受抽象的知识，知识和技能对6岁前的孩子来说就像照片上的食物一样，是一种间接性的东西。通常，他们通过从高处跳下学习高低的概念，通过扔东西或举起东西理解轻重和软硬，通过摔倒或碰撞体会痛的感觉，通过在小事情上反复失败学会避开“无法补救损失的失败”。

皮亚杰（Jean Piaget）是瑞士著名的幼儿教育心理学家。他也曾说，儿童通过不断活动构建自己，比如拿杯子，孩子在不断拿起、放下的过程中会形成一种经验，而孩子的智力、智慧就是在这种经验中产生的。这个经验告诉孩子下次怎么做会更好。而大人告诉孩子“这个杯子，这么放不会摔”，不会起作用，孩子下次照样摔。

也有很多父母认为，等孩子上学之后，自然就会明白该怎样做，所以不需要让孩子一一体验。但这样的想法是错误的。孩子智力的发展源于体验而非教导。亲身体验的感观力永远大于父母的教导力。孩子在不断重复的体验过程中学会积极地思考、行动和判断的能力，通过好奇心来探索世间万物，以此来丰富自己的人生感受，而这种能力不是一朝一夕能培养出来的。

我们应该看到，孩子的淘气自有其意义。这关系着孩子创造力和主动性的培养。如果经常被批评、被父母限制活动范围，并常常接到强硬的指示或命令，孩子便无法忘记父母的批评和失败经历。渐渐地，他们在行动时便会缩手缩脚，并进而变成没有积极性和自信的孩子。

孩子会反抗，是值得高兴的一件事。

当孩子会说“但是”后，请持有“这一天终于来了”的想法，

并边期待孩子今后的成长，边与孩子接触。

孩子并不是一教就会。我们必须将目光放在孩子的应有状态上。

进入幼儿期的孩子还有一大特点：他们拥有“无论是被批评了，还是失败了，都能马上忘记”这个“优点”。这是一个很棒的优点。大人没必要哀叹“无论批评多少次，还是做同一件事”“被训斥完的第二天便若无其事地做这做那”。正因为他们持有忘记失败和批评的“遗忘力”，

所以他们会在小事情上反复失败。而这正是孩子在无比健康地成长的证据。

如果你说过的事、批评过的话，孩子绝不会忘了，并一直按照你说的做，这是一种差不多可以判断孩子患有心理疾病的不合情理的状态。

因为孩子是一个会迅速将大人所说的话抛诸脑后，并在这之后反复失败，从失败中学习东西的特殊群体。他们就像只有七秒记忆的鱼一样，虽然被告知应该如何如何，但总是转头就忘。

比如，当家里来客人时，父母对孩子说“要好好打招呼”。孩子通常会按照父母所说的打招呼，但下次再来客人时，一般不会自己主动出去跟客人好好打招呼。几乎所有孩子都是每次只要没听到父母说“喏，请好好打招呼”就不会上前打招呼。不要觉得孩子没有礼貌，这才是属于孩子的健康状态。主动想和父母的客人打招呼的孩子，正常情况下是不存在的。更准确地说，是不可能存在这样的孩子。孩子小时，他们的认知体系里通常只有自己，此时还没有形成社会化的行为准则。所以，一般孩子会主动打招呼要等青春期以后。如果到了青春期还不会主动打招呼，那此时才算有大问题。但如果孩子处于幼儿期即能听父母的话好好跟客人打招呼，家长们才更应该引以为惕。表现出与年龄不符的乖巧行为的孩子，内心映射出的是对自我价值的怀疑与主动性的缺乏。

上述内容希望父母们不要记错。

我们总是错误地认为，那些一教就会，或者小时候便掌握长大后才会拥有的技能的孩子是“非常优秀的孩子”。但其实小时候有小时候的应有状态，我们必须将目光放在孩子的应有状态上。

孩子大约从3岁开始拥有无限的好奇心和能量。其内部能量总是驱使孩子精力充沛地活动着。这时候，看护孩子的大人光默默在边上看着孩子是不够的，有时必须适度批评或提醒孩子,比如“那个东西危险,不能摸”“这么做会给周围人添麻烦，不能做”等。

不过，最好采取孩子能迅速忘记的批评方式。这真正做起来可能很困难，但无论怎么样，都不可采取刺痛孩子的内心或让孩子下次只会提心吊胆地行动的批评方式。

换言之，不可采取伤害孩子的自尊心的批评方式。即使你面对的是只有3岁的孩子，也应尽量不采取伤害孩子的自尊心的批评方式。在跟孩子沟通的过程中，一定要少用否定句。

逆反，是孩子人格成长路的必经阶段。

如果孩子在逆反期受到过分压抑，则无法培养出真正的自我。

孩子拥有主动性，即意味着孩子也有反抗意识。

当孩子第一次反抗时，父母或许会很惊讶，并十分担心地想:“以前明明比现在乖。”其实,孩子反抗是好事，不会反抗才更值得担心。孩子是在不断依赖父母又反抗父母的过程中确立自我的。反抗是孩子确认父母有多接纳自己以及自己是否能自主行动的一种行为。有反抗意识即意味着孩子的自我主动性得到了很好的培养，他们开始明白自己想说什么，想做什么。所以当孩子反抗时，我们应十分欢喜。

我时常跟家长和老师们说，我们既要成为被孩子依赖的大人，也要成为能接受孩子反抗的大人。面对孩子的依赖和反抗，请不要仅仅抱持着“忍忍吧”的想法。

逆反，是孩子们从对大人的无条件信赖走向反抗以确立自我的阶段。如果没有经历这个阶段，当他们离开家庭及学校的保护伞走向社会时，很可能因为没有确立自我人格而产生各种情绪障碍，难以融入社交圈。所以大人们应当怀着一种愉悦的心境去看待孩子的逆反期。当反抗结束后，我们一定可以看到拥有主体性的孩子的人格已走向成熟。

这里举一个例子。美国心理学家曾在 3—5 岁的年龄段中挑选出 100 名反抗力强和 100 名几乎没有什么反抗行为的儿童，并进行持续的追踪调查。结果发现，在反抗力强的 100 名儿童中，有 80 多名儿童在生活中很有主见，具有很强的意志力和独立分析、解决问题的能力；而在几乎没有什么反抗行为的 100 名儿童中，仅有 25 名儿童具有这些优点。换言之，越是反抗力强的孩子，他们越能发展成人格健全的人，而反抗力弱或者没有反抗的孩子则很可能成为平庸的人。请记住，人格成熟前夕的暴风雨越是猛烈，孩子可获得的成长越是巨大。

当然，在这个过程中并不是迎合或袖手旁观孩子毫不讲理的反抗，该批评的时候还是必须批评的。不过，我希望父母在批评孩子时能怀着一颗慈爱而又从容的心。比如可以这么想："现在反抗意识是很强，但之后的成长也很值得期待呀！"这和将鱼钓上来时你感受到的强烈拉力是一回事。体验鱼咬钩的感觉可以让你收获颇丰。而如果强行将鱼拉上来，钓鱼线则会被拉断。

当孩子顶嘴说"但是"时，也最好以一颗温柔的父母心边享受孩子的反抗边操纵"鱼竿"将孩子拉到自己的身边。鱼光凭技术或许就能钓上来，但我们在面对孩子的成长问题时，光有技术是行不通的。

“无论什么都能独立完成”并不是自立的表现。
能在协调配合他人的过程中边发挥主体性边生活，
才是真正的自立。

所谓自立，并不是指独自一人在山上过隐遁的生活。我认为，能在社会上边发挥主体性和协调性边生活的人，才是自立的人。主体性和协调性保持较为平衡的状态，就实现了自立。

人活在世上，既有依靠别人的时候，也有被人依靠的时候。一方面考虑自己和对方的个性、能力，一方面采取富有平衡感的行动，是自立的表现，而无论什么都自己一个人扛，并不是自立的表现。

一提起孩子的自立，父母就不禁会在脑中浮现“告别尿布，能独自上厕所”或“能自己吃饭、穿脱衣服”等之类的画面，所以大家很容易将“能独自完成某事”和自立画上等号。

其实，能真正在社会上独自行动的人都是能在与周围人的协调配合中做事的人。能在与人建立的各种关系中发挥自己的主体性，才是自立的表现。为了实现自立，我们必须相信他人、相信自己。

父母是孩子最开始遇到的“别人”，因此对于孩子而言，相信父母并与父母建立健康的关系，是很有必要的一件事。

青年人无法成熟，是现代社会存在的问题。他们无法成熟是因为他们在婴幼儿期没有获得充足的依赖体验。而依赖体验不足是因为他们没有遇上耐性好，能充分满足自己要求的父母。父母只有在婴幼儿期充分满足孩子的要求，或像孩子所期待的那样爱孩子，孩子才能真正走向自立。

孩子会在父母如实接受自己的愿望后，在心里涌现“自己是有价值的人”的感觉。而如果总是不断地听到“不可以这么做”“必须这么做”等否定自己的话，他们便会觉得自己的存在价值很小。

有个词叫“爱的鞭策”，心中有爱的人真的非鞭策不可吗？对此我持怀疑态度。孩子在被无条件地接纳后才知道自己是被真正爱着的，才会相信接纳自己的人，切实感受到自己的存在价值，并进而开始相信其他人。

对他人的不信任感、恐惧感以及戒备心的强弱，基本上是由自己的欲求有多少被重视决定的。如果对他人的不信任感过于强烈，人便无法边与人协调配合边发挥自己的主体性。无论这个人多么善于学习，也无法仅仅通过学习培养起自立能力。

自立和孤立是完全不同的两个概念。自立并不是指“无论什么都自己做”。

因此，请不要对孩子说“要学会自己做”“妈妈不再帮你了”等话语，请给孩子提供充足的照料，慢慢将孩子培养成人吧！

此外，我认为最好避免无论什么事都由父母决定，即使很花时间，有些事情也还是让孩子自己决定为好。自己决定做什么，即意味着孩子能控制自我和内心的冲动。在孩子会自己决定之前，父母应耐心等待。重要的事情多告诉孩子几次即可，至于孩子什么时候能付诸实践,则因人而异。自立能力强的孩子通常都要晚一点自立。

所以，请耐心等待。喜欢花草的人，无论需要耗费多少精力，都不会蛮不讲理地对花草说“请马上开花”。他们只会边悉心照料边静静期待它们绽放花朵。

虽然养育孩子需要付出诸多努力，下各种功夫，但大人们能收获快乐。或许有时候我们会觉得养育孩子是件辛苦的事，但世上没有比养育孩子更能让我们收获快乐和喜悦的事了。

在能力范围内满足，

按需给予才是育儿的基本原则。

保护型育儿方式是一种无条件接受孩子的本色，满足孩子的需求的育儿方法。孩子天生就拥有发展潜力，会自己逐渐成长。养育孩子如同培育松树盆栽，想要培育好盆栽，在给予阳光、水、肥料等植物需要的东西后细心照料即可。

孩子会像植物一样向你诉说“我想喝水”“我想晒太阳”“我需要肥料”。比如“我想抱抱”“我想去公园”“我想去玩”“我想要更多的玩具”“我想你逗逗我”“我想你陪我”“我想吃点心”“我不想吃我讨厌的菜”“我不想洗澡”“晚上睡觉前希望你一直陪我”“想让你送我上学”，等等。

在我家，吃饭时孩子喜欢吃什么就吃什么，而且可以尽情吃他们喜欢吃的东西。我从未强迫他们吃他们讨厌的东西。孩子的需求虽然做不到全部满足，但可以在能力范围内尽量满足。

“父母按照孩子的期望过于细心照料孩子，导致孩子不能独立”这种事，基本上不会发生。明明不需要，却浇过多的水，施加过多的肥料，孩子才会被宠坏。不会有孩子因为父母背他、抱他而不会走路。想要人抱的时候有温柔的怀抱，想要人背的时候有坚实的后背，这样的孩子才能成长得更安心、更自信。所以，请家长们以无条件的爱的方式抚育孩子。记住，精心培育孩子，亲自照料，无条件地接受并满足孩子的期待，是育儿最基本的做法。

有很多家长跟我反馈，一出门，孩子总是要花钱买这买那。在用钱给孩子买他们想要的东西这件事上，能否把握分寸，很重要。试图用物质满足孩子的心灵的育儿方式，有时反而会让孩子陷入欲望得不到满足的状态中。其实，这也适用于“按需供给”这一原则：和孩子探讨——这件物品到底是不是我们必需的？是不是我们能力范围内能支付的？

只要理解这一点，无论按照孩子的需求给了多少肥料、水和阳光，都绝对不会给孩子带来坏影响。因为在能力范围内满足，按需给予才是育儿的基本原则。

我们应该相信孩子原本就有的成长力、发展潜力、自立力。而按需给予、在能力范围内满足、保护型的育儿方式正是真正意义上相信孩子的表现。

过度保护会把孩子宠坏吗？

我有三个儿子，他们都是在过度保护中长大的，我尽己所能地满足他们的要求。

有一次，儿子们对妻子说：

“爸爸总是百分之百地满足我们的愿望，

可是我们还是会参考爸爸的意愿来做事的。”

对于年幼的孩子，无条件地接受他们的愿望并满足，我觉得怎样做都不过分。如孩子所期望的那样给予孩子，无论什么都过多地给予，有时被视为“坏行为”。之所以被视为“坏行为”，是因为人们认为，如果对孩子言听计从，孩子便会因产生强烈的依赖心理而无法自立。

我们没必要担心过度保护是否会对孩子不好。所谓过度保护，即给予孩子过多其自身期望得到的东西。也就是说，只要是孩子想要的，就完全满足他，并达到过度的程度。但实际上,满足到过度的程度很难达到,相反,很多时候是父母们单方面打着“这样为你好”的旗帜而拒绝或无视孩子的需求。

人生来就拥有很强的上进心。即使放任不管，人也能成长进步。婴儿即使没人教他们，也能逐渐立稳头部、翻身、爬行，并在会扶着走后开始独自行走。只要中枢神经没有问题，没有大人的训练或指导，他们也能逐渐掌握生活所需的行动能力——如果中枢神经有问题，则需要特别的训练。

我一直认为，所谓育儿，即给拥有十分自然的成长力和发展潜力的孩子们提供援助。我觉得父母即使不强行给孩子灌输竞争意识、上进意识，孩子也会为了不在某方面逊色于人而努力。协助孩子最大限度地表达他们的自然情绪，满足他们的期待，才是正确的育儿方式。

我从来没有见过因过度保护而无法产生积极性主动性的孩子。即使有的看起来属于这种情况，也不是过度保护的结果，而是过度干涉造成的——在这样的例子中，对孩子过度干涉后采取保护态度的例子占了大部分。

我有三个儿子，他们都是在过度保护中长大的，我尽己所能地满足他们的要求。有一次，儿子们对妻子说："爸爸总是百分之百地满足我们的愿望，可是我们还是会参考爸爸的意愿来做事的。"从这不难看出，孩子心里也是有一杆秤的。假如父母能对孩子有求必应，孩子也会心怀感恩，先主动听父母的话。

而一旦父母不能满足孩子的欲望，实际就是对孩子采取了过度干涉的养育方法。当孩子陷入强烈不满的状态时，他们便可能无法走向自立。而这样的结果是，父母也无法顺利开展育儿工作。对因此前来咨询的妈妈爸爸，我总是建议他们:“多聆听孩子的心愿，并满足他们。”

需要注意的一点是，如果改用接纳孩子、保护孩子的态度对待此前一直被过度干涉的孩子，孩子可能会退行到婴儿状。对此父母或许会认为，出现退行现象的孩子反而比以前更糟糕了。我曾接待因孩子出现退行现象而再次前来咨询的父母，他们担心地问我：“在我不再干涉孩子，并多倾听孩子的愿望后，孩子却变得越来越像婴儿。是不是过度保护也是行不通的啊？”

过度保护并非行不通。

因为孩子在此之前无法安心地走向自立，所以无论孩子多大，都最好先让孩子回到婴幼儿期，等他们安下心来后再让他们重新出发。出现退行现象，如果父母们能采取正确的养育方法，对孩子的人格成长反而是一种进步。

因此，无论孩子多大，都完全没必要担心因父母采取接纳和保护的态度而回到婴儿时代的孩子。这是他们在重新确立本应该在婴幼儿时期就应该确立的对他人的信赖之情。

孩子所期待的东西，无论什么，都过多地给予，
是“过度保护”；
而即使孩子不愿意，父母也单方面地说“还是这么做为好”
或做自己觉得为孩子好的事，则是“过度干涉”。
比起过度保护，更应该警惕过度干涉。

人们在谈论育儿时经常提起“过度保护”和“过度干涉”。有时这两者都被当作“不好的东西”被提起，其实它们是有区别的。孩子所期待的东西，无论什么，都过多地给予，是“过度保护”；而即使孩子不愿意，父母也单方面地说“还是这么做为好”或做自己觉得为孩子好的事，则是“过度干涉”。这是它们的本质区别。

害怕过度保护孩子的父母通常是想干涉孩子的父母。我觉得这句话适用于大多数场合下的大多数父母。

父母觉得如果采取保护型育儿方式，孩子就会永远保持婴儿的状态，一直长不大。所以父母总是单方面地给予孩子他们觉得好的东西，总是想让孩子做他们觉得对孩子有益的事。

孩子想要而父母觉得不好的东西，坚决不给，孩子想做而父母不想让孩子做的事，一律禁止做——父母这么做，应该是出于各种各样的理由吧！比如，不让孩子吃可能会对孩子身体不好的东西（哪怕只有一点不好）；不让孩子做可能会让孩子受伤的运动（哪怕只会受一点小伤）；坚决不让孩子触碰危险的东西、脏东西；只给孩子对将来的学习看似有帮助的东西；等等。

这么做的父母无论多么为孩子考虑，也只是把“父母的期待”强加给了孩子。父母总是一边爱孩子，一边把自己的期待愿望强加给孩子，这是大部分父母的通病。

孩子想做的事在父母看来或许都是危险、毫无益处或对身体有害的事。然而，如果孩子想做的事，全部禁止做，孩子的世界就会变得十分无趣。本来是为孩子考虑，期待他们能有一个更广阔的人生，结果却南辕北辙。对于充满好奇心的孩子而言，想做而不得，心理上就会很逆反，认为这是一个欲望得不到满足的世界，从而失去想要主动做什么的愿望，而只能在别人的要求与命令下行动。久而久之，这样的孩子就成了一个不明白自己到底要什么的孩子，也就无法培养出主体性和独立性。

当然，我们必须告诉孩子“真正危险的事、会给别人添很大麻烦的事以及不好的事，都不可以做”。不过，如果孩子做了，无论如何都要听听孩子的解释，不要急于打断，不给孩子说话的机会。

“不对孩子抱过多的期待”，做起来并不是件易事。因为父母往往会不由自主地对孩子产生期待。比如现今社会中，让孩子参加各种培训班，让孩子穿上父母觉得好看的衣服,想要他取得好成绩,等等。所有这些都表明，大人只不过在以爱之名满足自己欲望，孩子已成为父母自私的爱的对象。

所以，我想请各位父母记住：在养育孩子时要控制好自己的内心，不可因期待过多而过度干涉孩子。如果做不到这一点，孩子成长所真正不可或缺的主动性、自主性、主体性等生长力的幼芽就会被掐掉。让我觉得遗憾的是，这样的例子在我们的周围非常多。

"长大后想当消防员""我想成为足球运动员"

"想成为舞蹈家""宇宙飞行员""蛋糕店老板"……

小时候的"未来梦想"即使荒唐无稽也无妨。

持有自我肯定感的孩子，

不久之后便会朝着比较契合现实的梦想稳步前进。

"长大后想成为偶像""长大后想当消防员""我想成为足球运动员""想成为舞蹈家""宇宙飞行员""蛋糕店老板"……孩子们说出来的梦想总是各种各样的。有时孩子会说出不同于昨天的梦想，很多孩子甚至同时拥有三四个梦想，比如"偶像、蛋糕店老板或滑冰运动员"等。

持有什么梦想和本人的资质没有关系，只要孩子在家庭、学校等与他人的关系中自由自在地活动，就会很自然地产生“我想成为什么样的人”的感觉。

无论孩子以后想从事什么工作，拥有几个梦想，都无须担心；当他们说出那些天马行空的梦想时，也不必不相信甚至是嘲笑。真正需要担心的是当被问“你有什么梦想”时,回答“等长大了才知道”或“没有什么梦想”的孩子。

虽然“等长大了才知道”说得很在理，但这是大人才该有的想法。回答“等长大了才知道”的孩子并不是像大人那样从合乎逻辑的角度说“不长大不知道”“将来的事情，现在无法预料”，他们之所以这么回答是因为他们不知道现在的自己想成为什么样的人。可以说这是一种自我混乱的状态。换言之，他们没有主动去感受自己的成长。再换句话说，他们缺乏自主性、主动性。

具体说来，这关系到孩子是否能描绘出将来面向社会时实现自我的梦想图。

当孩子处于逐渐形成与年龄相称且受社会认可的价值观的过程中时，即使在幼儿期的游戏中，也非常有必要具备想象自己在更大的人群中能发挥什么作用的能力。这种能力是无论什么年龄、什么时期都必不可缺的。

梦想的内容会随着发育阶段、年龄发生变化。起初孩子会处于“想当棒球运动员或寿司匠人”等无法锁定某个梦想的状态，之后随着不断长大，他们便会结合自己的个性、能力、适应力等具体情况逐渐明确实现自我的梦想或对未来的希望。

起初只是一个憧憬的梦想，会在孩子意识到“自己比其他孩子跑得快”“我擅长踢足球”“我非常喜欢弹钢琴”等之后逐渐具体化，变为“田径运动员”“足球运动员”“钢琴家”等。等再长大一些，孩子会结合自己的个性、特点，一边想象将来的职业、在社会上能发挥的作用——比如“成为职业运动员有些困难，就当为运动员提供援助的教练吧”“以后做一个研究体育运动的学者吧”“当演奏家看起来很难，就当音乐老师吧”等，一边为之努力奋斗。

如果不论处于什么年龄，都完全无法在大脑中想象自己的未来职业，即意味着孩子没有积极地活着，还没有形成一个初具轮廓的自我画像。这种积极生活的主体性，与是否会学习或在体育上是否特别优秀等没有关系，它通常在孩子持有自信和自我肯定感后开始萌芽。

而父母、老师能做的是，在生命的最初阶段就接纳孩子的一切，并使出浑身力量坦诚地告诉孩子“你是有价值的”“你是无可替代的存在”。耐心聆听哪怕孩子看起来荒诞滑稽的梦想，让孩子感受到最放松的爱。

神谷美惠子先生在其著作《关于生存的意义》中，写下了她对“爱”的定义：“所谓爱一个人，即在将对方视为无可替代的人的同时，拥有一颗爱惜对方的心、一颗想让对方的生命朝着其原本使命伸展的心。”我觉得父母和老师都应像她说的这样爱孩子，肯定孩子，让孩子按照内在的发展规律自然成长。

第二部分 正念养育

有了爱的态度，事情往往就会好转起来。

——简·尼尔森《正面管教》

“独自努力做什么”并非勤奋的表现。

勤奋是一种为在伙伴们中间发挥某种作用而努力的姿态。

我觉得幼儿教育的最后润饰部分是教孩子勤奋认真地做事。这里提到的“勤奋”，既不是指以过于认真的姿态独自死抠课本，也不是指一直保持如人所说的那种努力状态，而是指能为在集体中发挥自己的作用而持有积极参与其中的态度。完全不参与集体活动，为在下次考试中取得好成绩而比别人花更多的时间在学习上的姿态，我们不能说是勤奋的表现。

所谓勤奋，指的是一种在伙伴们中间与伙伴一起努力做什么的态度。我们很容易认为在与人隔绝的地方独自努力做什么即勤奋的表现。其实无论你独自背了多少汉字或英语单词，都称不上“勤奋”。运用所记住的文字和词语流畅地写文章或是自如地与他人沟通,才是最重要的事。如果在记汉字、英语单词之前先有与人沟通的信件、与他人交谈的对话的存在，即当记忆这项工作与社会活动产生关联后，这种努力的行为才能被称为真正的勤奋。

首个提出上文所述的“勤奋的本质”的是美国的发展心理学家爱利克 · 埃里克森 [译注 : 根据埃里克森的理论，人在第四个发展阶段（6—12 岁）需要解决“勤奋对自卑”这个危机。] 本阶段孩子开始进入学校学习，活动和依赖的重心已由家庭转移至社会。学龄儿童与学前儿童有着本质的区别，他们开始体会到勤奋与成功的关系，并开始形成一种成功感。在这一时期里，同伴在衡量儿童本身的成功或失败中有着相当重要的作用。如果能成功地完成各种任务和从事社交或集体活动，孩子就会获得一种胜任感，从而避免自卑感的产生。这些成功的体验有助于孩子拥有勤奋的特质。然而，从提出到现在，这么多年过去了，很多父母依然未意识到这一点。

如果孩子独自一动不动地坐在桌前写学校或补课班的作业，我们很容易认为“这是一个认真学习的好孩子”“这个孩子具有勤奋的学习态度，大人可以放心了”。或许你会认为当其他孩子玩耍的时候，即使被邀请一起玩也不理睬对方，依然埋头学习的姿态令人佩服，但在我看来，这种姿态很令人担心。为什么这么说呢？因为他们不管怎么学，也只是增加了知识和技能，对于人格的成熟并没有帮助。虽然知识技能的获得也很重要，但他们基本上无法和朋友快乐地交往，构建和谐的人际关系。长此以往，他们很容易陷入孤立的状态。全日本有14万拒绝上学的儿童，他们大多学习不错，有些还很有才华。他们中多数人拒绝上学不是因为讨厌学习，而是因为无法与人进行良好的沟通，害怕与人交往。

学会与伙伴们愉快地玩耍，或在与伙伴们合作（一起参加某个大活动、创作戏剧或舞蹈作品等）的过程中，学会轻松愉快地完成自己的任务，是孩子加入社会团体前需要做的最重要的准备工作。

让孩子学会这些的前提是，在前一阶段通过充分得到父母的爱和认可建立起自信，培养起能与人产生共鸣的感受力。孩子在这个发展阶段的基础上，通过与伙伴们一起操作一起玩，便也能具备在以后进入社会工作时发挥作用的协调性、共鸣性、竞争意识和勤奋的态度。

任何人都不是一座孤岛，孩子更是。他们需要与人充分互动，并在此基础上建立起自我肯定感。即使有独自无法克服困难的时候，这些孩子也能和父母、朋友商量，把自己的弱点展示给他们看，求他们帮忙。他们虽然会有独自一人孤独地做些什么的时刻，但绝不会陷入孤立状态。

“只有自家孩子茁壮成长”，是不可能的事。

因为孩子是与周围的伙伴以互相促进的方式一起成长的。

虽然无论谁都持有优越感和自卑感，但其程度也因人而异，既存在持有特别强烈的优越感和自卑感的人，也有优越感和自卑感并不太强的人。

我一直认为，当我们在培育孩子时，如果过于注重竞争原理，总是拿孩子和别人家的孩子比，对孩子说“要加油”或申斥孩子说“不许输”，孩子的优越感和自卑感就会变强。

父母有时会对自己的孩子产生过度的期待，希望自己的孩子比其他孩子优秀。不光如此，父母甚至还会产生“只要自家孩子茁壮成长即可”的想法。而这种想法只会让孩子的优越感和自卑感变得越来越强。

孩子是和伙伴们以互相促进的方式一起成长的。光自家孩子茁壮成长这种事是不可能存在的。我觉得父母应该意识到“如果周围没有能与自家孩子一起茁壮成长的孩子，自家孩子也无法好好长大”这一点。如果父母对此有深刻的理解，孩子就很难产生不健康的优越感、自卑感。

遗憾的是，很多父母不知道孩子应当与别的孩子一起长大，只知道一个劲儿地教育孩子，认为只要大人多教孩子（比如，让学校的老师教孩子读书，让教练教孩子游泳、踢足球，让音乐老师教孩子弹钢琴、拉小提琴，让外国人教孩子英语，等等），孩子便能茁壮成长，只要在家严格管教，就可以把孩子培养成一个优秀的人。的确，这么做可以增加孩子的知识，提升孩子的运动技能、音乐技能等各种技能。但孩子人格的关键部分不是靠这些形成的，孩子之间如果缺乏互相交流，就无法形成适应社会所需的社会性人格。换言之，孩子只有经常与伙伴们交流学习，才能更健康地成长。

无论是植物还是鱼，只要环境好，就能和周围的伙伴一起健康成长。所谓成长，即在能和伙伴们一起长大的环境中以互相促进的方式共同长大。

孩子健康成长所不可或缺的不是“不要输给任何人”等催人奋进的话，而是孩子们自身能互相产生共鸣的环境。如果孩子能在与人产生共鸣的过程中长大，当他们在某个领域比周围伙伴做得好时，他们从心底涌现的不是轻视其他人的优越感，而是非常健康的喜悦之情、某种自豪感。

反之，当自己的伙伴施展出了自己所没有的卓越才能时，孩子不但不会嫉妒或觉得自卑，反而会从心底敬佩伙伴，并像自己取得成绩般欢喜。

优越感和自卑感常常以背对背的方式存在，无论谁都不可能只持有优越感或自卑感。自卑感的反面是优越感，因为持有优越感，所以自卑感也会涌现。持有强烈的优越感的人，在内心的某个地方也藏着强烈的自卑感。

优越感也是一种很可怕的情感，它会促使你轻视、鄙视他人。持有优越感的人会轻视因年老而能力下降的人，会对比自己有能力的人持有敌意、厌恶感、嫉妒之心，或谄媚比自己强的人。与此同时，他们还无法让自己努力向前迈步,因而最终只能落寞离场。之所以会这样，是因为他们害怕体验自卑情绪。

视这种状态为常态的孩子往往很难交到朋友。

而持有健康的自豪感，能与人共鸣的人，如果存在做得不够好的地方，通常会反省或洞察自我，如“可以让伙伴来完善或请谁帮忙”“自己或许还不够努力”等。

在众多朋友的包围中与他们边产生共鸣边共同成长，是一种非常棒的体验。

培养孩子分工中的价值无大小意识。

人与人性格、能力的差异性，导致在集体中分工的不同。

对于孩子的教育以及价值观的培养，

要承认差别是存在的，分工有不同，但价值无大小。

5—6岁的孩子在有多个人的集体或人群中自然而然便会产生分工意识。分工意识是孩子必须拥有的，这是一种重要的意识。或许也可以说孩子拥有分工意识，即意味着具备了发现自己价值并将自己价值最大化的能力。在家庭、幼儿园，或者是学校，孩子被给予了各种分担任务的机会，无论是家事的完成还是集体活动中的玩耍，都能让孩子产生分工意识。

然而，在分工意识萌芽的同时，孩子会对分工形成某种价值观，产生“某某起的是重要作用，某某起的是辅助作用”的感觉。换言之，孩子会对每个人的分量产生诸如“自己是主角，那个小伙伴是配角”等之类的歧视心理。

比如，在文娱会的戏剧节目中既有台词多的角色，也有台词少的角色；在合奏表演中，既有引人注目的独奏者，也有只需在最后环节击打两次铙钹的角色。无论什么集体活动，都要分配任务，不可能让所有人做同一件事。

运动会上亦是如此。以赛跑为例，以前都是机械式地按照个子高矮分组，最近听说出现了按照跑步快慢分组的学校。学校这么做是出于不想让某个组的组员出现极大差别的考虑吧！换言之，如果以这种方式分组，即可能出现某孩子在 A 组中排第一，而在 B 组中排末尾的情况。很显然，在B组跑得慢的孩子很想去A组跑步。而如果在练习或预选赛中就按照跑步快慢分组，或许就会出现因想进入跑得比较慢的小组并在该组中夺得第一而故意慢慢跑的孩子。

大人总想为创造平等的环境做各种努力。然而，不论怎么努力，都不可能想出真正平等的方法。而且，还很容易让孩子们说出刁难人的话。比如："你排名第几？""第一呀！""A组的第一吗？如果你在B组跑，你就是倒数第一！"

平等问题是绝对无法靠分组等方法解决的问题。人在某些能力、机能上原本就没有平等可言。对于孩子的教育以及价值观的培养，无论如何也要承认人与人是存在差别的。人与人性格、能力的差异性，导致在集体中分工的不同。分工有不同，但价值无大小。

但事实情况是，人一拥有分工意识，歧视心理就开始萌芽。歧视心理是人所具备的无论如何也无法克服的本能特点之一。我也必须承认，可以称之为人类的一大恶业的歧视心理也存在于我的心中。

于 1979 年去世的神谷美惠子先生，是在位于濑户内海的某座岛上的麻风病疗养所长年从事医疗工作的人。先生在其著作里用非常克制的语调叙述了一件让她很震惊的事。

麻风病患者是一群长时间来一直为源于误解的歧视和偏见所苦的人。但是据先生说，在疗养所内，同时患有麻风病和结核病的人会被其他麻风病患者歧视，而同时患有麻风病和精神疾病的人则受到了更严重的歧视。

麻风病患者虽然以隔离于普通社会的形式存在着，但在被隔离的社会中，却产生了更严重的歧视。这是人难以克服的可悲本性。

当逐渐长大的孩子具有分工意识时，教孩子必须为克服一定会在孩子心里产生的歧视心理而付出什么样的努力，也是教育的一大任务。

人的机能差别是存在的，但精神上对平等的认同更重要。对孩子的教育应该以培养孩子的健全人格为己任，而非评判优劣。

当孩子意识到分工的存在，知道自己必须完成自己的任务后，工作的轻重意识，即歧视心理的萌芽便成为顺理成章的事。

不过，我们完全没有必要将这种歧视心理视为极其坏的东西，并因歧视心理的存在而十分害怕。人的生命、价值、尊严是平等的。这是人类社会的基本规则。但是，人在各个方面存在能力上的差别也是一个严峻的事实。

我们周围既有能将球投得很远的孩子，也有无法将球投向远处的孩子；既有跑得快的孩子，也有跑步很慢的孩子；既有个子高的孩子，也有长得矮的孩子；既有视力很好的孩子，也有视力不佳的孩子；既有记忆力不错的孩子，也有记忆力不好的孩子；既有擅长唱歌的孩子，也有五音不全的孩子。

人的所有机能都存在差别。如果在锁定的范围比较人与人，那么我们很容易分出优劣。世上没有完全相同的两个人。能力差异塑造了一个人的特性，世上绝对不存在所有方面都逊色于人的孩子。

通常，我们用源自极其狭窄的范围内的尺度的价值观夸赞孩子，说“那个孩子真优秀”等之类的话语。我觉得大家应认识到，这种价值观不应成为衡量个体的尊严和价值的标准。

我一直认为，教育应为让大家认识到这一点而发挥作用。

因为教育资源的稀缺，不可避免地出现了甚至从幼儿园阶段就开始的选拔机制。为了获得更优质的资源，孩子们不得不发展出适应当前社会教育机制的才能。这也是素质教育提倡很多年，但落地依然有差距的原因。教育的本质，是以培养为目标，期待孩子从中获得怎样的能力与人格，而非资源的你争我夺。

家中同时培育多个孩子的父母应该更能清晰地认识到这一点。假如某个孩子学习能力很强，而另一个孩子只酷爱运动，这绝不是说擅长学习的孩子价值更高、应该获得父母的爱更多，而爱运动的孩子的价值更低、得到父母的爱就比较少。父母对孩子应该持有的态度是：“父母疼爱你，既不是因为你学习好，也不是因为你运动能力强。即使你没有什么出色的技能，你也是父母眼中重要而又可爱的孩子”，并且这样的态度、这样的话语我们应该经常向孩子传达。如果想让孩子远离歧视的心理，那父母应该先具备平等的培养意识。

假设有人制作了一部让所有学生都能说十句台词的文娱会剧本！制作这样的剧本应该是一件非常辛苦的事吧！而且，让孩子们表演这样的剧本，无法在真正意义上教育孩子们一起承担社会责任。人的能力有数十种、数百种之多，在各个领域，人和人之间都存在能力差别和个体差异，都有拥有各领域独特特质的人。当孩子的能力、素质远在普通人之上时，是否告诉孩子“所有人都是平等的，都是你的伙伴”，显得至关重要。面面俱到反而是哪方面都照顾不到。

也因此，形式上的平等感与歧视没有区别。

我一直认为，真正意义上的平等感体现在精神更深处对平等的认可。

孩子向身体有残疾的朋友伸出援手，某一方面很擅长的孩子帮助同一方面较落后的孩子，都是很重要的举动。但在此之前应该让孩子知道这么做不是因为“对方很可怜”“自己很优秀”“自己比对方更有价值感”等，而是因为大家作为相同的人都是平等的，帮助他人是在其无法发挥作用的方面做一些弥补。

如果想让孩子具有丰富的感受力，

就在家或学校培养孩子与人同喜同悲、与人产生情感共鸣的能力。

小此木启吾先生的著作《精神准备期人类的时代》(译注：精神准备期所对应的英语是“Moratorium”) 曾在社会上引起广泛热议，当时的大学生们都被称为“处于精神准备期的一代人”。而这代人正好与被称为“新人类”的一代人重合。

Moratorium 有“犹豫”之意，而小此木启吾先生在书中提到的“精神准备期人类”指的是在作为够格的社会人前被允许拥有一段犹豫期的学生们或其他想继续保持犹豫状态的人们。虽然这类人以高度成长期处于学生运动高潮中的学生们为主，但这本书在展开论述时将“想继续保持犹豫状态”作为整个社会的特点。

我们未必能用否定的观点评论“精神准备期人类”，但我们可以说，“精神准备期人类”的本质核心问题之一是他们“不想成为当事者”“想保持旁观者的身份”。与此同时，“不继承前人的成就”“不把继承前人的成就视为好行为”“讨厌继承传统文化”等也是“精神准备期人类”的特点。

我们不能笼统地说不继承传统文化就是数典忘祖的行为，因为传统文化中也还有糟粕的东西存在。但如果一刀切地认为“继承不是件好事”“前人的东西都是过时不顺应时代潮流的”就有问题了。举个极端的例子，这么想的人很有可能从一开始就拒绝学习任何东西，毕竟现有的学习都是对既有知识的温故。而且他们会认为这是理所当然的事。这对进步来说，绝非好事。

实际上，无论是看起来多么新的东西，都是历史累积的结果。我觉得只有源自历史成果的东西才能逐渐变为留存后世的创造物。而与历史成果没有关系的东西，无论这一刹那多么流行，在社会上受到多少人的称赞，估计都会转瞬即逝吧！

即使是流行歌曲，也有转眼即被世人遗忘的歌曲和能永久被传唱下去的歌曲之分。被称为名曲的歌曲，终归都是在继承过去音乐成果的基础上被创造出来的具有独创性的歌曲。

继承前人的工作、成就的前提是，必须尊敬前人。尊敬他人和与人产生情感共鸣是一回事。而尊敬他人的感觉在崇尚竞争原理的环境中绝对无法培养出来。因为这种感觉并不是优越感或自卑感的产物。

只能在所在区域或家庭中培养起来的感受力，并不是通过开展音乐或绘画的早期教育便能提升的。如果想让孩子具有丰富的感受力，就应该在家或学校培养孩子与人同喜同悲、与人产生情感共鸣的能力。

孩子只有具有与人同喜同悲、与人共鸣的能力，才能产生尊敬他人、感谢他人的感觉。而正因为孩子拥有尊敬他人、感谢他人的感觉，才能与历史上的优秀艺术产生共鸣，或对创造优秀艺术的人表达自己的尊敬之情；才能信赖、充分依靠、健康地模仿其尊敬的对象。如果没有经历这个阶段，孩子便无法具备在此之后才会产生的“自立能力”“独创力”。

“我想培养孩子的创造力”

“我想培养孩子的独创力”

“我想让孩子具备创新能力”

请先让孩子们不断地“模仿”。

“我想培养孩子的创造力”“我想培养孩子的独创力”“我想让孩子具备创新能力”等话语，我时常听到。很多人都说，让孩子不局限于范本，以自己喜欢的方式自由自在地画画，或随心所欲地活动身体（比如唱歌、跳舞等），是非常棒的一件事——他们认为这么做有助于培养孩子的创造力。

我认为，不设任何限制，让孩子像他（她）所期待的那样尽情地画画、唱歌、跳舞，只要孩子享乐其中，便是非常好的一件事。

不过，孩子这么做未必能提升他们的创造力。

身为考古学者、国学院大学名誉教授的已故者樋口清之先生曾说："创造始于模仿。"虽然说法有些不同，但古今中外的很多人都曾说过类似的话。

我认为他们说得很对。也有人说，一切艺术都从模仿大自然中动植物的美开始。

以德国古典主义最后的作曲家勃拉姆斯为例，据说勃拉姆斯的第一交响曲完全模仿自贝多芬交响曲。换言之，勃拉姆斯以贝多芬的创作手法为范本创作了第一交响曲。不过，并没有人因此评价勃拉姆斯的第一交响曲为“低品质乐曲”。实际上也是如此，这部交响曲具有称之为“贝多芬的第十交响曲”也不为过的价值。而且，在这之后，勃拉姆斯创作出了第二交响曲、第三交响曲等具有独创性的交响曲。

我听说如果学生以成为画家为目的考入了美术大学，老师们一定会让他模仿优秀的古典名作。据说，只有模仿到分不清哪幅才是原作的程度，才能发挥学生的创造力。在具有创造性的创作活动的背后，一定有这种模仿：先通过研究前人已取得的成绩以及模仿其作品，深入理解其精髓，再学习相关技术。

模仿实际上是一件非常重要的事。为了培养孩子的独创力,我们无须对孩子说“请创作你自己的东西吧”“不可模仿他人”等话语。

无论是音乐还是绘画，我都觉得给孩子创造与过去的优秀名作接触的机会是个好做法。没必要强行带婴幼儿去音乐会或美术展。时常和孩子一起在图书馆欣赏画集，或在家让孩子听家中现有的CD唱片即可。当孩子表现出喜爱之情，并想要模仿时，请开心地表扬孩子。

有些人因从小喜欢漫画而常常将喜欢的漫画贴在玻璃窗上，并透过图画纸临摹，或边照着样子模仿边画。在这些人中，有的人真成了著名的漫画家。人在什么方面感受力强是因人而异的，比如我就不太懂漫画，对音乐领域的摇滚乐也不是很懂。

无论什么领域都是先欣赏、模仿优秀作品，然后再创造自己的作品。因为独创作品都始于模仿，所以一定要让孩子们不断地“模仿”。

如果想让孩子拥有健康的竞争意识和协调性，
应该邀请很多小伙伴到家里玩，
并经常让孩子去小伙伴家玩。

让孩子在小伙伴中间成长，是很重要的举动。之所以重要，是因为协调性（共鸣性）、竞争意识以及主体性只有在与小伙伴的关系中才能形成。而且，协调性和竞争意识只有这两者取得平衡后才能不断增强。

你或许会觉得，孩子光具备协调性或共鸣性就挺好的。然而，如果缺少竞争意识，孩子便只会迎合他人；如果孩子具备缺少竞争意识的协调性，当有人告诉孩子

“这么做吧”，无论要做的是什么，孩子都会言听计从。而真正的协调性并不是这样的。

比如，有的孩子一听说“如果能拿来一千日元，就让你加入我们团队”，便会上交一千日元。这种行为不是具备真正的协调性的表现。

竞争意识与协调性（共鸣性）的平衡感在小伙伴中间才能培养起来。

比如，应让孩子拥有大量“邀请小伙伴到家里玩”以及“到小伙伴家玩”的经历。是否同时拥有这两种经历，很是重要。让我意外的是，现在的妈妈好像都不知道这一点。

带小伙伴到家里玩的时候，孩子能主动发挥领导力，让小伙伴接受自家的规则、规矩、做法。如“不可以那么做”“这个玩具该这么玩”“那扇门应这么打开”等。再或者就像招待客人一样指着父母拿出来的点心说“你们都可以吃”。

而如果去小伙伴家玩，处境就会发生逆转。孩子必须按照他们家的规则行事。当他们拿出点心招待自己时，孩子不仅必须在吃之前说“我开吃啦”，吃完之后还必须说一句“谢谢款待”。

我家孩子去某个小伙伴的家玩时，肯定穿着袜子去。因为这家的规矩是，未穿袜子的孩子用抹布擦过脚才能进屋。当孩子得知这家有这个规矩后，便会产生“原来还有这么追求干净的家啊”“我家也太随便了啊”等想法。有时，孩子从小伙伴家回来后，会对我们说“某某家都没有甜点，也没有果汁，只有大麦茶”。而这时我们会对孩子说“平常生活中的确应注意牙齿保健”，让孩子从对方的生活中学到一些东西。

让孩子通过拥有“在自己家是领导，而在别人家必须遵守他家的规则”的体验，了解“每家有每家的考虑，每家有每家的不同”，是一件非常重要的事。

此外，让孩子在除自己家和小伙伴家之外的“第三场所”(即空地、公园等地) 玩耍，也是一件非常重要的事。我带孩子去公园或广场玩的时候，总是邀请尽可能多的小朋友参加。对孩子来说，比起家人，与小伙伴们一起玩更开心。在和小伙伴们玩耍的过程中，他们会就许多问题进行探讨，也会发现自己的意见和想法与伙伴们不同。当遇到这种情况时，孩子会根据小伙伴的性格能力来决定自己该有怎样的态度。比如有时孩子会坚持自己的意见，有时会认同伙伴的立场和想法。如此一来，孩子在理解对方的同时，也对自己有了进一步的认识。

总之，尽量让孩子均衡地在这三大“场所”玩耍，孩子便能与小伙伴们一起健康地成长。

请尽量多指出孩子的优点。

短处或缺点只需在这之后轻描淡写地说一句。

抓住孩子缺点的父母就像蹩脚的工匠，

是不可能打造出完美瓷器的。

每个人都有自己的优点和缺点。通常在家是父母，而在学校是老师想让孩子改正缺点、发扬优点，可现实情况是，父母和老师往往只会一个劲儿地指出孩子的缺点。如果从一开始便多指出孩子的优点，而缺点只是轻描淡写地说一句，孩子对待自己的短处、缺点的态度便会大幅度改观，并会试图去改正自己的不足之处。之所以会这样，是因为经常被指出优点的孩子很自信。孩子如果没有自信，是很难改正缺点的。

拿破仑·希尔是美国成功的教育学家，他的优势教养理论让人受益无穷。所谓的优势教养，就是发现孩子的优点，并致力于培养及放大这些优点。他说："每个孩子都有许多优点，而父母恰恰相反，他们总是盯着孩子的缺点，认为管好孩子的缺点，才能让孩子更好地成长。其实，这样做的父母就像蹩脚的工匠，是不可能造出完美的瓷器的。"

另外，美国正面管教体系创始人简·尼尔森在其畅销书《正面管教》中也有过类似的话："当你把85%的时间和精力用来关注15%的消极方面时，消极方面就会膨胀，而积极方面不久就会消失。你看到什么就得到什么。另一方面，如果你把85%的时间和精力用来认可并鼓励积极的方面，消极方面就会很快消失，而积极方面就会增长到100%，因为这是你看到的全部。"

正如他们所言，只有多把注意力放在孩子的优点上，孩子才会变得更加优秀。所以，我希望父母们尽量经常指出孩子的众多优点，而缺点则不提或只是点到为止。

请正确看待孩子的优缺点，如果大人们只从自己的期待出发，而不考虑孩子有什么愿望，所看到的只能是孩子的缺点。

因觉得优点是“理应具备的东西”而对优点置之不理，只知道寻找缺点并想尽办法改正孩子的缺点的教育方式，明显是错误的。通常，我们大人常在不经意间只对缺点敏感，一发现孩子身上有什么不好的地方，就想去纠正。孩子吃饭油渍滴在衣服上，洒落的饭粒铺满了餐椅，大人一边手忙脚乱地去擦拭，一边嘴里忍不住责问：怎么这么不注意，弄得哪里都是。小孩子因为手部灵活性还不够，专注力也还没达成，弄洒饭菜是很正常的。如果像大人一样循规蹈矩，没有了孩子的天性，才是我们要留意的。我们总是把注意力都放在了符合父母或老师期待的事上，却很少去想应为满足孩子的愿望做些什么。有没有想过孩子把饭粒弄得到处都是只是在体验饭团的乐趣？所以，大人必须先扭转凡事从自己期待出发的这个局面。

为此，大家必须知道一点：优点常常是缺点的反面，缺点的反面常常是优点。

孩子在学校从不丢三落四，这在父母和老师看来是优点吧！确实，我们可以说很少遗失东西的孩子具有小心谨慎的优点。但与此同时，我们也可以说孩子具有神经质、胆小怯懦、好担心的缺点。

其实，会适当地遗忘东西，才是最好的。孩子乱扔玩具是很平常的现象。能做到先按照父母的嘱咐将拿出来的玩具收拾好，再拿别的玩具玩，这样的孩子很罕见。

或许你会认为总是能将玩具收拾好是一大优点，但具有这种优点的孩子反而令我有些担心。因为孩子在玩耍时具有一旦停下来收拾玩具就无法再兴致勃勃地埋头玩另一个玩具的特点。想玩的时候就立即开始玩，一直玩到筋疲力尽，等不想继续玩的时候已累得没有力气收拾战场，才是健康的表现。乱扔玩具在父母看来是一大缺点，可这也说明孩子具有能精力充沛、全神贯注地玩耍的优点。而这是一个特别好的优点。毫无疑问，在谈论优缺点时也需要考虑年龄和程度等问题，但孩子从小就擅长收拾玩具也可以说是缺乏活力和玩耍热情的表现。而这也是我觉得这类孩子令我十分担心的原因所在。

希望父母们多指出孩子的优点，不要一个劲儿地寻找孩子的缺点。此外，还请父母们不要忘了“优点和缺点互为正反面”这一点。有时候，孩子所表现出来的某个特点被称为优点，只不过是因为孩子这么做对父母、老师方便，更省心而已。再碰到想指出孩子缺点的时候，请父母老师们先想一想：我不能容忍这个缺点，到底是因为它给我造成了麻烦和困扰，还是因为这也是孩子想要改变的呢？是从自己的期待出发，还是从孩子的角度出发，这个区别很大。如果父母能想到“这个我眼中的缺点对孩子来说是一大优点”，有时就会觉得自己将其视为缺点是毫无道理的。

过分听话和乖，

代表的是不自信和自我意志的薄弱。

所谓“乖孩子”，不一定是心理健康的孩子，他可能只是大人认为的能让自己省事的听话的孩子。

如前所述，人们认为孩子能给父母或社会带来方便、不制造麻烦的表现是优点，反之便是缺点。孩子能乖乖吃饭、睡觉、玩耍，没有打扰到大人工作，不让他做的事也能及时终止，我们会认为这样的孩子是乖孩子，甚至会油然而生一种家有乖孩子的自豪感。孩子从小就能控制自己的情绪，看起来很了不起，但这其实也是失去自我的表现。而且，这会影响孩子长大后走向自立。

情绪控制的适宜度因年龄而异，因此父母应该仔细观察什么程度有助于孩子自立，而什么程度又会影响孩子自立。

比如，困难家庭出身的孩子，因为十分清楚父母有多辛苦，所以从小时候开始便从来不会提无理的要求，十分配合父母。然而，一到了青春期，他们中的很多人便会表现出缺乏自立性、自主性的倾向。而且，他们很容易因情绪波动大而动怒。换言之，即他们很容易陷入“青春期危机”之中。

这是因为他们小时候表现过乖了，为了照顾父母的情绪，不给父母添麻烦，他们习惯于压抑自己的需求与愿望。也为了不让父母担心，而直接听从父母的安排命令，但这也暴露出他们缺乏按照自己的想法来行动的能力。我接触过很多这样早熟的孩子,真心为他们感到心疼。

孩子很听话，没有出格的举动，也不说任性的话，这样的孩子虽“乖”，但这样的结果是，他们会在极度压制自主性、主体性和自己的愿望下长大。于是，到了必须看清自立之路的青春期，他们便找不到自我。而一旦出现青春期独有的混乱，则比那些小时候很叛逆的孩子更为严重。

在我看来，所谓的好孩子，健康的孩子，是那些带有与年龄相符的气质的孩子，这个气质也可以说是孩子气。比如小婴儿饿了尿了就会号啕大哭，他们才不会管爸爸妈妈是否在忙碌；小孩子没有人陪自己玩或者有其他需求时，也会用哭闹来吸引大人的注意力，也才不介意爸妈是否嫌他烦。这样做符合他年龄的事情的孩子才是心理发育得很好的孩子。

所谓“好孩子”，即大人觉得能给自己带来方便的孩子。
不可因孩子是好孩子而疼爱孩子，
孩子先有大人的疼爱，才能成为真正的好孩子。

如果培养孩子是只认可他给父母带来方便的表现，凡是给父母带来困扰的地方都作为缺点而劝孩子改正，或许你能将孩子逐渐培养成“如你所愿的好孩子”，但这绝非好事。因为这样的好孩子只不过是满足父母期待的孩子而已，那孩子自己的期待呢？孩子有什么样的期待与理想，适合孩子心灵自由成长的方式是什么，我们有没有考虑过呢？

我经常说这么一句话："不可因孩子是听话的好孩子而疼爱孩子，孩子先有大人的疼爱，才能成为真正的好孩子。"

因为工作关系，我经常接触到很多父母。在孩子吵闹的时候，我总会听见家长说："如果再吵，妈妈就要走了不管你喽""如果不乖，爸爸就不爱你了"，等等。"不成为好孩子，就得不到妈妈的拥抱或喜爱"的孩子往往会非常克制自己。我觉得这样的孩子非常可怜。一般而言，因从小从不说"抱抱我""再陪我玩一会儿"等任性的话，一直过度克制自己而最终失去自我的孩子，是大人心目中的"好孩子"，但却是普遍意义上心理不完美的孩子。

如果你不想让自己的孩子出现这种倾向，无论孩子现在多大，都请尽量多多宠爱孩子，多多抱孩子吧！让孩子觉得自己被父母悉心呵护并珍视。完全不必担心孩子会被宠溺，只要孩子认为自己无论是好是坏，都能被父母认可，他们也会产生同理心，不会得寸进尺地向父母提出各种无理要求。

或许无论大人做什么饭菜，“好孩子”都不会挑食，都会一粒不剩不洒地好好吃完，但当你问他们“今天想吃什么”时，他们或许只会回答“什么都行”。如果你想让孩子有一些改变，请这么做：首先，请给孩子做他（她）最爱吃的东西，或给孩子一点零花钱，让他（她）去买自己喜欢的东西。用心准备孩子爱吃的饭菜，可以在孩子的心中培养出对别人和对自己的信任。而让孩子买自己喜欢的东西，则有助于培养孩子的自主性和主体性。

其次，请父母们做到不只在孩子表现好的时候表扬孩子，应该经常反复告诉孩子“无论什么时候，无论你做什么，爸爸妈妈都非常喜欢你”。只有父母无条件接纳孩子的本色，孩子才能更安心地做自己，更自信地走向自立。在我看来，能做自己的人，才是幸福的人；能主宰自己人生的人，才是成功的人。

最后，我想以我这么多年从事儿童精神科医生的经验恳求父母们：请你们成为能在孩子的笑脸和愉悦的身影中体会到快乐的父母，能在不断回应孩子的期待的过程中体会到幸福的父母。

孩子边观察父母的社会性行为，边让自己具备社会性。

不让家庭孤立于社会，是件非常重要的事。

我每次看到“人间”（译注：“人間”在日语中的意思是“人”“人类”）这两个字，都从心里觉得这是一个好词。这个词到底是谁想出来的已无从知道，或许是中国古代的伟人想出来的吧！我对“人间”的理解是，自立于世的人如果不聚在一起，如“互相支撑着站立”的人字结构般存在于一群互相支撑的人之“间”，就无法成为人。

人间不是一两个人便能构成的。只有人与人互相依靠，并拥有很多这种互相依靠的关系，才能称人为“人间”。抓住人的最本质的特点并将其象形化的这两个汉字的意思，我觉得我们应更加重视。

无论是对孩子而言，还是在父母看来，“家庭”都是与自己关系最为密切的世界。然而，现代家庭实际上正孤立于社会。特别是处于城市高密度住宅群中的住宅，它们与孤零零地建在山上或野地里的房子没什么区别。之所以这么说，是因为每个家庭与邻居在生活上都没有任何关系，人与人之间也没有关联。换言之，家庭没有社会化。

孩子在作为社会人不断成长的过程中，家人、家庭是否在地方社会与近邻构建起互相支撑的关系，其实非常重要。与近邻构建这种关系是为了让父母的社会性反映到孩子的成长中。我妻子以前总带着孩子去邻里串门。家里日用品用光了，会跑到邻居家借点儿救急；遇到育儿方面的烦恼，也会随时请教邻居。当她向邻居诉苦孩子很大还尿床时，邻居会指着自家在别人看来很优秀的孩子说：“这孩子到小学三年级才不尿床。”诸如此类的交往，往往能让大人们觉得生活充满阳光。在父母的影响下，孩子们也是东家跑西家窜的。而且来我家玩的孩子也不少，有时他们甚至会在我家吃饭、洗澡。有了这种互助合作的邻里关系，孩子们都感到轻松自在。

“远亲不如近邻”。以前的人还比较注重与近邻的交往。而现在的家庭则过于欠缺这种交往。每次我在咨询室、诊所遇到因不愿上学、内心郁闷或遭受家庭暴力、患有拒食症而感到痛苦的孩子，我都会去拜访他们的家，而每次拜访完，我都能清楚地得出一个结论：这是因为家庭本身欠缺社会性。

在现代日本，大多数人都觉得“只要经济上独立，就无须依靠他人”。经济独立或许是件很重要的事，但只依靠经济独立并无法让复杂的生存必要条件得到满足。

正如“人间”这两个汉字所示，人原本就持有在精神上也必须与各种各样的人相互依靠的宿命和本能。都说人有依靠欲求、集体欲求，其实人就是一种只有在互相支撑的“人与人之间”才能生存下去的动物。

换言之，人是一种同时追求依靠他人的喜悦和被依靠的喜悦的动物。对于孩子而言，则既有向小伙伴学习或接受老师、高年级学生的指点的喜悦，又有给笨拙的孩子、弱小的孩子传授知识或提供帮助的喜悦。即便是幼儿，也以与其年龄相符合的形式持有追求这两种喜悦的欲求。

为小伙伴传授知识的喜悦和接受小伙伴的指点的喜悦，是现在的孩子明显欠缺的。这是因为家庭本身就欠缺这两种喜悦。而家庭本身就欠缺这两种喜悦是因为很多人在不依靠近邻的同时，也讨厌被依靠，觉得被依靠是一件麻烦事，最好不要互相添麻烦。这绝不是能健康地自立于世的表现，这是一种孤立于人群的状态。

为了促进孩子的成长发育，家庭必须社会化。父母丰富的人际关系对孩子的人格发展有良好的促进作用。发展心理学家埃里克森也说：“自我的确立，就是通过与各种各样的人相识及相互关系创造出自我。”

在这里，我想呼吁家庭之间互相邀约，在出去野餐或郊游的时候叫上邻居家或亲戚家，喊一声“你们去不去啊”。如此一来，孩子们在耳濡目染中，不仅会玩得更开心，还能培养起真正的社会性。

把课余休息时间还给孩子们。

上学时的课余休息时间

是孩子学习一生之中最重要的东西的宝贵时间。

幼儿园以及各阶段学校老师们的作用正随着时代的需求慢慢发生改变。

现在我最希望从事教育工作的诸位人士做到的，不是消除学习上的后进生，而是消除“休息时间的后进生”。对于孩子而言，与伙伴自由而快乐地沟通、玩耍，是最关键、最重要的行为。如果缺乏这种行为，无论交给孩子什么任务，教授什么知识，都无法产生实质性的影响。

我一直认为，在学校生活中，课余的休息时间从某种意义上可以说比上课时间更为重要。

过去的孩子们一到课余休息时间就会开心得不得了。休息时间无论是 5 分钟还是 10 分钟，他们都会飞奔到操场上拼命地玩耍，一直玩到筋疲力尽为止。他们在和伙伴们的相处中逐渐长大，和伙伴们交流情感，共享这个社会公认的知识和生活经验，逐步培养自己的人格和社会性人际关系、沟通能力等。我想也正是因为如此，他们的身心才能一同健康地成长。

按理说，无论是返回的试卷成绩很差，还是被老师提醒不要丢东西，抑或是有点感冒，一到休息时间，孩子便会将它们全然抛到脑后，飞奔到操场上玩耍——对他们而言，这时候的玩耍是消除烦恼的最佳良药。然而，现在的孩子们看起来并没有那么多课余的休息时间可以和伙伴们一起在玩耍中开心地度过。放学后因为有各种各样的学习任务，有的需要学习技能，有的需要上培训机构补习功课，所以孩子们很可能各忙各的。即便是午休时间，现在的孩子们也会因“接下来要做这个那个”而很少有时间能与伙伴们一起思考新的玩法或沉浸在新游戏中。

要是在过去，拥有快乐而健康的课余休息时间就像呼吸新鲜的空气、饮用干净的水一样，是非常自然的事。孩子们也在休息时间的玩耍中来互相学习其他伙伴们拥有的技能。像如何踢足球，如何制定游戏规则，如何照顾小动物，等等，这些都是不可或缺的社会学习。不仅学校，区域社会、家庭也为孩子们互相学习提供了这样的条件。因此，过去的老师可以把休息时间、课余时间都交给孩子，老师本人只需在课上教好课。

而现在，课余休息时间正变得像稀缺的空气和水一样，如果不努力珍惜，就无法拥有。而且在区域社会、家庭都不为孩子创造休息条件以获得人格成长的现在，上学时的休息时间和课余时间正成为培育比学习更重要的感受力和情感的宝贵时间。

因此，我希望教育工作者更深一步地思考“课余休息时间对孩子们到底有多重要”这个问题。

因为要督促孩子们学习技能或补习功课，或担心校园内部的安全管理工作做得不到位出现校园霸凌等原因，老师赋予孩子们在课余休息时间尽情地玩耍的自由或许不是一件简单的事。

但是，无论时间多么短，是否有游戏道具，游戏场所是否只有室内场所，正在成长的孩子都潜在地持有“游戏力”“互相学习的能力”。希望大人们慢慢引导孩子将这两种能力发挥出来。

第三部分

给孩子一个好的原生家庭·青春期养育

有的人用童年治愈一生，有的人用一生治愈童年。

——苏珊·福沃德《原生家庭》

母性之爱和父性之爱，

要让孩子均衡地享受到这两种爱。

有人认为母性之爱和父性之爱原本不是分别存在的，我结合迄今为止的经验来看，觉得还是存在“母性之爱”和“父性之爱”的。

我们基本上可以说，父性之爱的本质是教孩子社会规则、善恶以及人生的应有状态、理想、价值观；母性之爱的本质是无条件宽容孩子，培养孩子的感性，给予孩子安慰和绝对的安心感，让孩子对自己的存在持有无条件的骄傲和自信的一种本能。

当然，母亲也持有“父性之爱”，父亲的心中也装有“母性之爱”，所以有时父亲和母亲会互换身份，发挥对方的作用，或父母中的其中一方承担起两者的作用。但一般来说，普通家庭都是以“父亲教社会规范，母亲给予安心感”的方式运转。

也就是说，通常关键时候父亲表现出很严厉的样子，而母亲虽然多少有些唠叨，但很宠爱孩子。

我是一个非常疼爱孩子的人，但即便如此，我的三个儿子都是在他们妈妈身边待着时显得更为放松愉快——无论什么时候都是如此。即使只是去餐馆吃顿饭，孩子们也是争着抢着要坐在妈妈身边。

现代夫妇的形式多种多样。众所周知，社会上也有“妈妈在外努力工作，而爸爸作为‘家庭主夫’负责育儿工作和家务”的夫妇。但即便是成长于这种家庭的孩子，也更爱黏着妈妈，在妈妈面前撒娇。这是一件不可思议的事。至于这是因为喜欢妈妈的气味，还是因为喜欢与妈妈肌肤相触的感觉，抑或是还有更具普遍性的原因，我们无从知道。

观察残疾儿，我们会发现这种倾向更为明显。如果是没有毛病的孩子，他们长大后还会因觉得黏着妈妈是件难为情的事而特意避开妈妈，或因怕爸爸不开心而来到爸爸的身边，而残疾儿的表现则会十分诚实。无论在日常的照顾中爸爸付出了多少辛苦，孩子都会选择待在妈妈的身边。

我觉得“当父母都在的时候，相比待在爸爸的身边，待在妈妈的身边，孩子更觉得放松惬意”，并没有什么不对。

虽然家庭的具体情况、家庭成员的想法各不相同，但我觉得只要家中既有爸爸又有妈妈，就没有必要强行让爸爸和妈妈在育儿上承担相同的责任、完全平等地发挥作用，或让爸爸和妈妈互换身份，发挥对方的作用。

当然，这并不是说妈妈应放弃工作，成天让孩子黏着自己。买东西、扔垃圾、给孩子洗澡、送孩子到学校等这类事务，谁做都可以。遵循“谁方便做就谁做”的原则即可。

但最根本的部分，是“爸爸教社会规则、生活方式、理想、价值观”“妈妈给予安慰、轻松自在感”，还是让爸爸和妈妈以非常自然的方式各尽其责。而如果家人无法以非常自然的方式负起自己的责任，才最令人担心。

孩子绝不会因为父母是双职工或成长于单亲家庭而无法健康地成长。不过，如果孩子很幸运地成长于父母健全的家庭，且父母还能以“我们要在可能的范围内以很自然的方式发挥各自的作用”的态度对待孩子，是最好的情况。

决定孩子能否健康成长的，

不是家庭是否完整，

而是给予孩子的爱是否完整。

这些年，单亲家庭变得越来越常见。

担心“孩子会走上犯罪道路”“孩子无法健康成长”的单亲爸爸、单亲妈妈，并不少见。虽然单亲家庭日益增多，但大部分育儿书都以“父母健全”为前提，也因此单亲爸爸和单亲妈妈变得越来越不安。

其实，无论是母子家庭还是父子家庭，只要给予孩子充沛完整的爱，也就是母性之爱和父性之爱，就不会出现孩子无法健康成长的情况。抚育孩子，是不是单亲家庭只是形式问题，请为此担心的爸爸妈妈先放下心来。

二战刚结束时，出现了很多抱着幼儿的单亲妈妈、单亲爸爸，但他们培养出的孩子都很出色。在我认识的人中也有一个因父母双亡而自幼跟随祖父母生活的人，如今他已是一个拥有崇高人格的优秀人物。在我看来，他一定是从祖父母或周围人身上获得了成长必不可少的完整的爱。

确实，父母健全的家庭养起孩子来通常更轻松一些。但实际生活中也有“离婚更有利于孩子的成长”的事例。社会中单亲妈妈居多。如果妈妈“为了孩子”忍气吞声，并强迫自己与经常施暴的丈夫继续生活，从结果上看，对自己和孩子都是负担。在这种情况下与丈夫分开生活反而更有利。

虽说妈妈给予母性之爱，爸爸给予父性之爱，是很自然的一件事，但其实妈妈也有父性之爱，爸爸也有母性之爱。母性之爱是无条件疼爱自己的孩子，父性之爱是教导孩子学会如何在社会上生活的规则。无论男性、女性，我们每个人身上都潜藏着这两种爱。因此，妈妈可以发挥爸爸的作用，爸爸也可以发挥妈妈的作用，祖父母也能很好地发挥父母亲的作用。因此，离婚后取得孩子的抚养权的妈妈或爸爸没必要过于担心。因为决定孩子能否健康成长的，不是家庭是否完整，而是你给予孩子的爱是否完整。

需要强调的是，想要让孩子健康成长，母性之爱和父性之爱的给予是有先后顺序的。应该先给他足够的“母性之爱”，然后在此基础上给予相应的“父性之爱”。孩子只有先拥有“被充分疼爱”“有人花大量时间倾听自己的愿望”“有人接纳自己的一切”等体验，才会充满自信，并进而与他人产生共鸣。父性之爱的给予，即社会规则的传授，应在孩子得到充足的母性之爱后开展。如果没有基于完全信赖关系的母性之爱为基础，孩子便无法心悦诚服地接受“游戏规则”“社会规定”等规范。

即使你因想着“必须好好培养”而在给予母性之爱之前给予孩子过多的父性之爱，如举止礼仪、社会规则的传授或学习方面的指导等，孩子也只会当作耳旁风般不会接受。而且，有时孩子会变得非常抗拒，或甚至用暴力抵抗。

追溯很多罪犯的成长历程，我们有时会发现这样的共通之处，即他们的妈妈十分严格，从小就要求他们遵守社会公德、努力学习。他们从小自妈妈那里得到的不是母性之爱，而是父性之爱，所以他们最终走上了反社会的道路，做出了残忍的极端行为。

因此，在生命的最初阶段，孩子需要多少母性之爱就应给多少。那些享受到母性之爱的孩子，因为心里已经建立了稳固的信赖关系，会沉浸在大人毫无保留的关爱中而对自己产生极大的自信，这种自信进而会帮助他们培养出关爱他人的能力。

请不要持有“不可过度保护孩子”“不可宠爱孩子”等想法，而如果是单亲家庭，怀着“独自给予孩子双份爱”的信念好好接纳孩子即可。

毫无疑问，这并不是说孩子想要玩具就给买玩具，孩子想花钱就给钱。“物品”和“金钱”，你给得越多，孩子的欲望便会变得越来越大，并最终出现“无论多么贵的东西都无法让孩子满足”的局面。

抚育孩子，重要的不是物质上的安慰，而是心灵上的满足。比如经常给孩子做他喜欢吃的菜肴，或时常和孩子躺在一个被窝里。即使孩子说话不利索，也请耐心地听孩子把想说的话说完。当孩子做得好时，请使劲表扬孩子。即使你觉得“这么做会更好”，也请耐心倾听并回应。即使孩子挑食，也不要批评孩子，让孩子吃他想吃的东西吧！如果你这么做了，孩子就绝不会向错误的方向发展。

给孩子的最好的爱的教育，

是爸爸爱妈妈，妈妈爱爸爸。

夫妻应以何种形式存在？其答案不止一个。既有国际婚姻，也有异地婚姻；既有两人年龄相差很多的忘年婚姻，也有近年来成为热议话题的同性婚姻。可以说“夫妻应以何种形式存在”这个问题并没有“唯一的正解”。

不过，无论以何种形式存在，夫妻关系都与恋爱关系、朋友关系稍稍有些不同。在我看来，夫妻关系基本上是一种深深依靠彼此的关系。这是一种超越单纯的爱情，像重视自己一样重视彼此存在的关系。

人如果以孤立的状态身处完全的孤独之中，是绝对无法健康地活下去的。正因为如此，大部分人都想和彼此看中的人住在一起，并以互相珍视彼此的状态平静地生活。

当然，朋友之间也能边互相依靠边生活——虽然其依靠程度有别于夫妻关系。也有与朋友一起生活便觉得十分幸福满足的人，但大多数人会觉得与朋友相互依靠的关系并不能使自己满足。因而他们想寻找能与自己建立更深厚、平时有更多交集的互相依靠关系的人，而这种关系便是夫妻关系。

在这种关系中，精神上的依靠自不用说，这其中还存在着物理上的依靠。以适合对方和自己的状态的各种形式实现适度的精神依靠和物理依靠的便是夫妻关系。

当然也有极端的案例，现实生活中不乏像萨特和波伏娃一样只在必要的时候相会，而平时则保持一定的物理距离的夫妻。对于萨特和波伏娃这类夫妻而言，这是最佳的相处形式，是最利于他们继续开展创作活动的一种关系。他们即使不常常见面，也依然在心底深处将彼此视为精神上的依靠。

在必要的时候相会，在必要的时候一起生活，当因工作关系而需要分开生活的时候则暂时分开居住。或许我们可以说正因为互相深信彼此、依靠彼此，所以才能保持这种关系。

不过，如果只是在你觉得方便的时候或方便的事上依靠对方，当对方期待你提供依靠时，你却没有回应，即便你觉得“已建立相互依靠的关系”，夫妻关系也会分崩瓦解。如果只在精神上互相依靠，或许就能保持像萨特和波伏娃一样的关系。但如果一方只追求精神上的依靠，而另一方却强烈需要物理上的依靠，也很难维持融洽的相互依靠关系。所以夫妻关系也需要在某种程度上保持相互依存的平衡关系。

我觉得，对于夫妻而言，双方是否是彼此值得信赖、值得依靠的人，以及是否是能回应彼此的依靠需求的人，应该是最重要的两点。至于双方在哪些方面互相依靠，则因夫妻而异。

经常有人说“孩子是维系夫妻感情的纽带”。我想提出一点不同的意见，亲密的夫妻关系才是孩子健康成长的基础。夫妻间拥有相互依存的和谐平衡关系，就能对共同的生活燃起希望，也会对共同养育的孩子付出更大的爱。在问到想把孩子培养成什么样的人时，很多父母都会回答：拥有爱。爱这种情感不是自动萌发的。爱是孩子从日常生活中在身边的人耳濡目染下学会的。而孩子接触的彼此依靠、彼此爱的最佳典范就是父母。所以我们常说，给孩子的最好的爱的教育，是爸爸爱妈妈，妈妈爱爸爸。

青春期是寻找自我的时期，父母只需耐心守候

在凝视自我的青春期，孩子通过他人的目光来确立自我。

我想应该有很多人觉得青春期的孩子很难管吧！在因不知如何对待青春期孩子而过于担心前，请先了解“青春期”处于人的哪个发展阶段。

人一到青春期，不仅身体会发生很大的变化，精神上也会出现很大的波动，从而获得很大的成长。

人在获得很大成长的时期会和幼儿期一样，迎来很强的逆反期。因为青春期的逆反是最后一个逆反期，该

逆反期是最重要的，也是最大的逆反期。由于父母一不留神便会卷入其中，所以父母应尽量以从容的态度应对孩子的反抗。当青春的叛逆期来临后,父母开心地说“终于来啦”即可。其实，对于孩子而言，青春期的逆反期也是一段不得不面对精神和身体上的脱胎换骨和改造，从某种意义上也是苦于不知怎么办为好的时期。

孩子在从幼儿园到小学这个阶段，通过与伙伴们一起玩耍认识自己在周围环境、集体或社会中的“位置”和“作用”，而这是孩子为走向社会做出的最初准备。结束这个时期后，随着孩子进入青春期，孩子开始将自己要在社会上发挥的作用放在心上，并慢慢开始从幼儿时的主观看待自己转变为客观地审视自己。这意味着他们开始摸索自己在周围人中的存在意义以及适应力。换言之，这是一段孩子积累“周围的伙伴们以及他人是如何看自己的”的感觉的时期。

虽然人们经常说“注视自己是很重要的功课”，但即使一直照镜子，我们也看不清自己内心的真实情况。想要注视自己，就必须借用他人的视线。先察觉别人是怎么看自己、评价自己的，再透过别人的评价认识自己的个性、适应力、能力等，才是真正意义上的“注视自己”。

正因为如此，青春期的年轻人非常在意别人的目光，尤其是伙伴们的目光。他们最重视朋友对自己的评价。在服装、姿容上也是如此。在他们眼里，朋友对自己的穿着是怎么想的、有什么反应，对自己的发型有什么看法，都非常重要，他们会将这些作为自我同一性的要素慢慢接受。所谓的“自我同一性”，也就是了解自己的内心，了解自己与他人的差别，认识自己是一种怎样的存在。

毫无疑问，孩子对自己在社会中有什么样的个性、能力、适应力的认识决定了其今后的发展和生活方式。

但是，如果青春期孩子在合乎常识的价值观中没有得到充足的评价、充满善意的反应，就无法形成上述所说的“自我画像”。换言之，如果无法从家人、伙伴、老师们那里得到认可和评价，他们便容易出问题。假如孩子虽然成绩很差，或不擅长运动、相貌不出众，但不仅没有因此被轻视，而且依然能被周围人发现除此之外的优点，听到他们对自己人性中发光的部分做出合理的评价，他们便能在社会之中确立与自己相符的自我画像和自我同一性。

而如果出现相反的情况，孩子便会感到强烈的不安，其情绪也会变得不稳定。为了逃避这种不安，孩子会和同样持有不安情绪的伙伴们成为朋友。有时候，同样持有不安情绪的人聚在一起便成了像飞车党这样的团体。

对于青春期的孩子，无论是长时间照镜子，每天早上花一小时整理发型，或在出门前反复试衣服，或是跟同龄小伙伴有较父母更亲密的关系，甚至是有了恋爱的萌芽，都是非常正常的事。他们不过是在他人的镜子中拼命探求自己。身为父母，所要做的就是予以理解并耐心守候。

青春期的孩子谈恋爱了怎么办?

青春期谈恋爱与其说是性欲使然，不如说它是一种想集中精力确认“异性如何看自己”的仪式性行为。也可以说他们是为了谈恋爱而谈恋爱。

到了青春期，大多数孩子都会有想谈恋爱的冲动。或许有人谈恋爱只是因为憧憬爱情，但大多数人或多或少是因为想找到让他（她）确认“这就是爱情”“这一定是爱”的对象。

毫无疑问，谈恋爱并不是青春期少男少女的特权。

70 岁、80 岁的人谈恋爱，也是很正常的现象。不过，谈恋爱在年轻的当事人尤其是青春期孩子的心中是非常大的一件事，当爱情破碎的时候，不少人会因苦恼沮丧而产生一死了之或杀了对方的想法，有的甚至会把想法付诸实践。

爱情原本不是伤人伤己的东西，可为什么会发生这类悲剧呢？答案是,因为当事人爱的是自己,而不是对方。

当处于热恋中时，无论谁都会在非常喜欢、珍视对方的同时，产生“我要一直为他（她）着想”“我深爱着他（她)”的想法。但实际上这是错误的行为。在谈恋爱时珍视对方没有错，但这与珍视宝石的感觉是一样的。虽然你无时无刻不想着宝石，但你并不是在为宝石的幸福祈祷，也没有设身处地地为宝石着想。换言之，这是一种仰慕自己非常喜欢的人，并进而想拥有他（她）的爱自己的表现。

真正的爱是从心里希望对方幸福。

如果恋爱对象和你说“抱歉，我有更喜欢的人了”，或许你便无法为他（她）的幸福考虑，对他（她）说“这是好事”之类的话。而如果你爱的不是自己，而是恋爱对象，即使你没有被对方看上，你也会祝福对方。当你觉得被恋爱对象“背叛”时，“爱”便会变成悲伤、痛苦、怒气，有时甚至会变成敌意、杀机。

我并不是想说“不可以谈恋爱”，只是想告诉大家“所谓爱情，即一种爱自己的情感”。换言之，爱情不是一种“从心底希望对方幸福”的情感，而是一种“希望自己幸福的情感”，是“占有欲”的代名词。

无论谁在失恋后都会深受打击，但这和失去昂贵的宝石的感觉类似。如果是被自己非常喜欢的人甩了，其痛苦程度相当于因遗失钻石而受到的打击。但是，仅仅如此而已。钻石不过是“物品”，世上肯定存在相似的钻石，或更昂贵的钻石。再过几天，或许你便会想要比钻石更贵的绿宝石、红宝石。虽然人们常说“溜走的鱼都是大鱼”，但世上有的是更大的鱼。

你或许会认为“能如我所述般冷静思考的人谈不了恋爱”，但我觉得能这么想的人正好适合谈恋爱。

谈恋爱是件很开心的事。当各自怀着利于自己的爱的两个人磨合得很好的时候，双方应该都能真正感觉到幸福吧！在爱情中，自爱、占有欲以及性冲动等源自本能的东西相互有联系，所以很多爱情光用“道理”是解释不通的。

不过，正因为如此，大家要记住“爱情不过是爱自己的表现”。

失恋是对自己的爱受到了伤害，所以失恋者很痛苦。但这不过是“溜走了一条大鱼”，因此无论怎样也不可有自杀或杀人的念头。

如果家里有正处于青春期且正在谈恋爱的孩子，希望父母们能帮助孩子建立正确的恋爱观。

给孩子世上最接近纯粹的爱。

不忮不求。

所谓恋爱情感,不是指对他人的爱,而是对自己的爱。因为这是一种比起从心底希望对方幸福,更希望自己幸福的情感,所以当对方抛弃自己的时候,无论如何也做不到以“只要这么做能给他(她)带来幸福就行”的态度宽恕对方。

真正的爱,是无私心地祈愿对方幸福的一种情感。

我觉得在世上所有的爱中,最接近纯粹的爱是父母对孩子的爱。最接近纯粹而不是最纯粹，是因为父母对孩子的爱有时也包含杂质的成分。

比如，我们周围经常出现父母把自己的虚荣或梦想强加给孩子的事例。父母小时候没有学习绘画或钢琴的条件，没能成为期待中的自己，于是把这种期待付诸在孩子身上，希望孩子能苦练技艺有出头的一日。但事实可能是孩子一点也不喜欢绘画或钢琴，他只喜欢足球或漫画。望子成龙、望女成凤是绝大部分父母都有的心情。当这种期待是从满足父母潜在的欲望出发，虽然打着“这是为孩子好”的旗号，爱也是不纯粹的爱。

有时父母甚至会恨恨地想：“这个孩子让人很操心，我喜欢不起来。”当小宝宝总是哭个不停时，有的父母甚至会心急火燎地冲他吼道：“你为什么总哭！好讨厌！”无论什么样的父母，他们的心里都或多或少藏有这种情绪。

持有这种情绪很正常，毕竟父母对孩子的爱也不是百分百纯粹的爱，所以大家完全没必要觉得自己是坏父母，并因此焦虑不安。

父母对孩子的爱，从本质上说，是一种不求回报的爱。而男女之间的爱则是一种需要对方补偿自己的情感。比如：

“因为我爱你，所以希望你对我也温柔点。”

“我送你礼物了，所以我希望你比以前更喜欢我。”

“我对你这么热情，所以我希望你更高兴。”

父母对孩子的爱有别于男女之间的爱。父母的想法是：

“如果能换来孩子的笑容，让我做什么都行。”

“只要孩子心情好，我什么都愿意做。”

即使孩子没说过“谢谢”，也依然愿意为孩子做任何事情。

等孩子说出“我想离开家、离开家人，在这条路上奋进”时，父母无论多么寂寞，都会尽力为孩子实现梦想提供援助，为孩子追求梦想而高兴，并给予孩子深深的祝福。如果是为了孩子的幸福，无论是寂寞孤独还是经济上的不宽裕，父母都能欣然接受。

这便是恋爱情感与父母对孩子的爱的一大不同。

人在谈恋爱时爱的是自己，而父母对孩子的爱是对自己以外的人的爱。

那么，父母是否会“移情别恋”，比如“更喜欢隔壁家的孩子”呢？答案是，这是不可能的。虽然父母也会在心里偷偷地想“隔壁家的孩子是优等生，不需要大人操心，真好啊”，但并不会因为隔壁家的孩子更优秀而真正愿意和隔壁家互换孩子。

父母会因孩子成绩不好、行为不乖而不喜欢孩子吗？表面上是会很嫌弃孩子，但爱之深，责之切。正是因为孩子不够好，才更彰显出父母爱孩子的程度之深。去游乐园玩耍，一不留神孩子跑出了视野范围，等在人群拥挤的游乐设备前找到孩子时，父母通常先是一通责备。父母因过于担心而生气，或因过于疼爱而娇惯孩子，也是很正常的现象。

父母与孩子之间有一种天然的爱的联系。即使孩子总在夜里哭闹，即使孩子挑食很严重，即使孩子讨厌学习，即使孩子不听话，无时无刻不惦着孩子的父母一方面抱怨着孩子给自己带来的苦恼，一方面又恨不得将世界上所有美好的东西拿到孩子面前来。

父母的这种心情，源自世上最接近纯粹的父母之爱。

在推行偏差值教育的环境中，给孩子不带偏差的爱。

只要父母传递给孩子的是“重要的是价值，而非成绩”这样的观念，

即使孩子被迫置身于推行偏差值教育的严峻环境中，

也无须担心。

我曾在书中写过这么一句话“最好不要用竞争原理培养孩子”，或许有人看完后会在心里想：“说得挺在理，可孩子在上小学、中学后，在学习上必须和伙伴们竞争。”

确实，在推行偏差值教育的日本，孩子必须与他人竞争。那什么是偏差值教育呢？所谓“偏差值教育”，即

试图让在某群体中的孩子边与该群体的其他孩子比较边提升分数的一种教育模式［译注：偏差值是日本人对于学生智能、学力的一项计算公式值，其公式为：偏差值=50+10×（个人成绩－平均值）/标准差］。这不是一种很好的教育模式。具体说来，是“按照偏差值排名”这一点不好。

但并不是说孩子只要在推行偏差值教育、用竞争原理培养人的学校学习，就无法健康地长大，或造成性格扭曲。

我一直认为，比起学校的教育，家庭教育更为重要。如果父母在家中从心里认可每个孩子所持有的多种价值，孩子在学校的成绩排名等就不是什么大问题。如果不管孩子是否聪明，容貌是否出众，是否擅长学习或运动，父母都无条件地爱孩子，孩子从心底就会升起一种“虽然我不是完美的小孩，但我依然有爸妈对我完整的爱”这样对自我的肯定感，孩子的内心也因此被阳光普照。如果孩子因学校推行偏差值教育受其影响而自我怀疑，也是因为家庭没有给孩子提供坚强的后盾。

最先应告诉孩子“对于人而言，比学习成绩更重要的东西还有很多”的是父母。如果父母发现不了除成绩以外的“重要东西”，或无法告诉孩子“世上存在比偏差值更有价值的东西”，这是一件非常恐怖的事。在我看来，父母必须努力做好这方面的工作。

身为一位有着儿童精神科医生身份的父亲，我一直努力让自己爱孩子最本真的样子，而且我也告诉妻子“要无条件接受孩子的本色”。虽然我们很难百分百地做到这一点，但我们一直在朝着这个方向努力。我的三个儿子并非在各方面都出类拔萃，但他们都身心健康地长大了。

如果父母一直以来只看重孩子在学校的成绩，只在孩子取得好成绩时表扬孩子，而孩子一考得不好，便厉声斥责，孩子或许不仅只会用“学校的成绩”衡量自己的价值和伙伴的价值，还会因此持有十分强烈的优越感和自卑感。其具体表现为，总是嫉妒或敌视成绩好的伙伴；当分数不佳时，觉得自己没有价值；当考得不错时，便会看不起考得不好的伙伴。

也经常有父母将问题归咎于他人或制度，比如认为“学校的老师不好”“强迫孩子接受偏差值教育的教育系统不好”“孩子所在的地区不好”“社会不好”等。我觉得这并不对。

家庭是区域性社会的一面镜子，而区域性社会是时代潮流的一面镜子。正因为如此，每个家庭都必须认真教育孩子，让孩子不要过于顺应时代潮流或流行趋势。

即使孩子身处竞争社会和偏差值教育的风潮中，父母也在家告诉孩子“哪些是比偏差值更重要的东西”，并不论成绩如何都充分认可孩子的价值，或许是当前父母应做到的最重要的事吧！

在不以学习成绩论英雄的家庭中长大的孩子，即使学习成绩不好也能看清自己的价值，并拥有自尊心。所谓自尊心，即一种尊重自我的情感。拥有自尊心，即意味着个人持有不允许任何人冒犯的人格尊严。拥有真正的自尊心的人通常也尊重别人的自尊心。

而优越感是一种非但不尊重别人的自尊心，还会看不起人的情感。自尊心和优越感看起来相似，实则完全不同。拥有自尊心的孩子往往能与伙伴们产生共鸣，并交上很多好朋友；而有优越感的孩子往往态度上颐指气使，导致很多伙伴不愿意跟他一起玩而陷入孤立的状态。

在我看来，在养育孩子时，能否做到不以“这次学习成绩不错，你是个好孩子”“在体育等方面取得了好成绩，你真厉害”的方式表扬孩子，并不断地告诉孩子“人拥有比学习成绩、运动能力更重要的价值”最为重要。希望无论孩子多大，各位父母都能反复告诉孩子“即使你不是最出色的小孩，你依然是爸爸妈妈心中最爱的宝贝”。

别让孩子陷入只对动物温柔的假象中。

特别喜爱动物的孩子大多孤单寂寞。

他们对动物温柔的实质是孩子本人想被温柔对待。

有的孩子特别喜爱动物，总是很温柔地对待它们。这样的孩子常常是朋友不多的孩子。当然，这并不意味着所有喜爱动物的孩子都没有朋友。但非常喜爱动物的孩子大多是孤单寂寞的孩子。而且，我们可以说越是孤单寂寞的孩子越是喜爱动物。

当孩子因身边没有能和他聊各种事情的朋友或无法与父母、兄弟姐妹轻松交谈等原因而觉得寂寞时，他们有时便会想让动物给他们排遣寂寞。所以，他们会很温柔地对待动物。而这其实是孩子本人持有想被温柔对待的想法的外在表现。

孩子喜爱动物的姿态很招人喜欢，但有时候我们最好想一想“当孩子因没有朋友而非常喜爱动物时，是不是有些寂寞呢”这个问题。

觉得“如果能温柔地对待动物，那么也能温柔地对待人，所以这样的孩子无须担心”，也是错误的想法。因为喜爱动物和温柔地对待身边人，完全是两回事。

人如果没有被温柔以待的经历，是绝对不会温柔地对待别人的。人会因想被温柔以待而对其他人阿谀奉承，但无法真正地温柔待人。是否会温柔待人，至关重要。现代人给宠物穿衣服，让宠物躺在鸭绒被上，确实对宠物十分溺爱，但要问他们是否能将这份温柔送给邻居，答案却很难说。他们对宠物的爱是对弱者的温柔。这种温柔与给和自己平等的人或比自己强的人的温柔，往往有质的不同。温柔待人的心境与温柔对待宠物的心境，从根本上说是不同的。有时，即使你能温柔地对待不会背叛自己的人、不会危害自己的人、不会反抗的人，也无法温柔地对待自己必须记挂在心的人——往往态度会很冷淡。而比自己条件好的人或持强硬立场的人，你非但不会温柔对待，还会反射性地忽视、敌视或嫉妒对方。

所谓真正的温柔待人，即能以自始至终不变的温柔对待条件比自己好的人或比自己强的人。

所谓温柔,不是对对方的同情,也不是对对方的轻视。

变得越来越爱自己的现代人大多都不知道什么是真正的温柔吧！在我们周围，怀有轻视他人的假温柔和虚假的爱并陶醉其中不能自拔的人数不胜数。

如果父母温柔地对待孩子，孩子也一定能温柔地对待别人。在家人的关爱和呵护下长大的人，一定能深爱别人。

想要全面培养孩子，

其前提条件是，

在孩子小时候给予孩子充足的依赖父母的体验。

因为孩子只有拥有被称为“自主性”和“主体性”的这两种能力，才能涌现创造力，所以我们不可损伤孩子的自主性和主体性。

如果没有“自主性和主体性不受损”这个前提，创造力绝对不会涌现。实际上，没有自主性的人也缺乏模仿能力。

而想要培养自主性，必须让孩子拥有自信。只有先拥有自信，自主性才能培养起来。如果要问自信如何培养，我的回答是，自信的有无以及多寡在很大程度上要看在孩子自立前的婴幼儿期（即精神机能未分化的时期），孩子自身的欲求有多少被周围人满足。

孩子如果拥有充足的依赖体验，就会拥有自我，并为自己的存在感到自豪。与此同时，不仅在面对伙伴、优秀人士时，容易产生情感共鸣、萌发感谢之情，还能安心地信赖他人、尊敬他人。因此，他们能模仿他们觉得“很不错”的东西。

有了自主性后，孩子会去模仿自己觉得很不错的东西，而在这之后，其自主性和主体性会促使孩子向创造东西、拥有创造力的方向发展。再接着，孩子会在不断地磨炼中拥有丰富的感受力。

这样的孩子在看自己做出来的东西时，会涌现非常健康的自豪感，而非觉得自己很了不起的优越感。

创造力得到培养、孩子得到成长的前提是，已培养起孩子相信他人的能力。而相信他人的能力，与感谢、尊敬他人的情感应该是有直接联系的。这种情感能促使孩子涌现相信自己的创造力。

如果你能明白这个变化过程，你就会觉得培养孩子是一件非常快乐的事。虽然并不是所有孩子都是天才，但我们能引导孩子发挥其持有的才能。

而为此你在多大程度上满足孩子的依赖心理，让孩子多么安心，与其今后富有创造力的生活方式有更密切的关系。

不会向别人学习的人，不会模仿的人，也无法拥有创造力。

自主性、主体性、自信、丰富的感受力、感恩之心、与人共鸣的能力、尊敬他人的感觉、创造力……你或许会觉得需要培养的东西太多了，但其实这些都是密切相关的。我们既不能只通过实施英才教育培养孩子的绘画能力、运动能力，也不能只是通过说教来教孩子拥有一颗尊敬他人的心。

想要全面培养孩子，让孩子具备以上这些能力，其前提条件是，在孩子小时候给予孩子充足的依赖父母的体验。

父母在培育孩子时，应尽量做好的是孩子所期待的事，而不是父母想为孩子做的事。而且，父母应让孩子安心成长。

这种培育方法是自主性、主体性、丰富的感受力以及创造力的源泉。

越孤独的父母越依赖孩子。

因孤独而过度期待、过度干涉或体罚孩子的父母，

并不少见。

所谓孤独的父母，即把孩子当成唯一一个发泄情绪的出口的父母。其结果是，把自己的很多不安情绪传递给了孩子。

不擅长育儿的父母基本上都是孤独的。当夫妻关系出现问题时，后果往往会变得更加严重。这种家庭的孩子通常对父母的脸色特别敏感，很难养成自主性。

有时，父母的孤独或不安会以虐待、体罚孩子的形式表现出来。而且,有时即使父母本人没有这种虐待意识,最终也会虐待孩子。

人往往是越孤独越不安。当不安感越来越强烈时，人会怎么做呢？很自然地，他们会想抓住一些东西。对于父母来说，当能够抓住的只有自己年幼的孩子时，孩子们就会落入非常不幸的境地。所谓抓住自己的孩子，简单地说，便是父母想通过孩子或者宣泄自己的情绪，或者实现自己的夙愿。通常是不安感越强烈，父母就越想控制孩子。

有孤独感的父母觉得无论怎样打骂孩子都是为了孩子好，即使有人建议“最好不要采取打骂的培育方式”，他们也会因实在忍不住而打孩子。

比如，患有 ADHD（注意缺陷多动障碍，即多动症）

或 LD（学习障碍）的孩子，父母在教育时是否能做到不训斥不批评，很是重要。可有时即使告诉此类孩子的父母这一点，即使他们也明白“现在不训斥孩子才是为孩子好”，他们也依然忍不住、做不到。归根结底，他们训斥孩子的出发点不是想着为孩子好，而是因为自己的情绪难以控制。久而久之，这类父母还容易将自己的这些不当行为正当化，认为“这就是为了孩子好”。

即使孩子是未患有 ADHD 或 LD 的正常孩子，也有相当多的父母会有以上这种表现。

越是孤独的父母，越会过度期待孩子。

孤独是一种没有人爱的状态。陷入这种状态的人会想尽办法爱自己。而且,对自己的爱比对他人的爱还要强。而如果本来“打算”爱孩子，却发展成爱自己，对孩子的爱便会以过度干涉孩子的形式表现出来。

我们必须理解父母的孤独是在经历以上这个过程后演变为对孩子的过度干涉的。

即使对过度干涉孩子的父母讲道理，告诉他们“最好停止对孩子的过度干涉”“在培养孩子时，请不要像那样训斥孩子”，也没有效果。因为他们即使心里十分清楚自己的做法不对，也无法停止自己的行为。

唯一的解决方法是，将父母从孤独中拯救出来。

更容易陷入孤独之中的也许是当主妇的妈妈们吧！现如今，因为和公婆分开居住、自己的老家远在外地、孩子一出生便辞了工作、和邻居几乎没有交往、没有朋友等各种情况而必须在家当主妇的妈妈越来越多。她们常常只和自己的孩子面对面。如果在此基础上，每天因工作忙碌而深夜回家的丈夫几乎没有时间和妻子聊天，那妈妈的孤独感则会更加强烈。

而这种孤独感很可能发展为对孩子的过度干涉，有时甚至会以虐待孩子的形成呈现出来。

对此,我常常给出的建议是,妈妈应有自己的爱好(无论什么爱好都可以)，有自己的时间出去走走，让自己交几个朋友。当地的料理教室、妈妈芭蕾队……无论参加什么活动都可以。不要觉得“有孩子，无法参加各种活动”，正因为你有孩子，所以请一定要为了孩子将自己从孤独中拯救出来。

不过，陷入过度干涉的育儿模式中的妈妈往往拥有强烈的不安，因而常常表现出很难轻松交到好朋友的倾向。我的建议是，不要突然强迫自己去交朋友，请慢慢拓展自己的世界吧！这句话也同样适用于过度干涉型爸爸。那些只有工作同事而没有知心朋友的父亲也会让自己的孤独以过度期待、过度干涉孩子的形式表现出来。

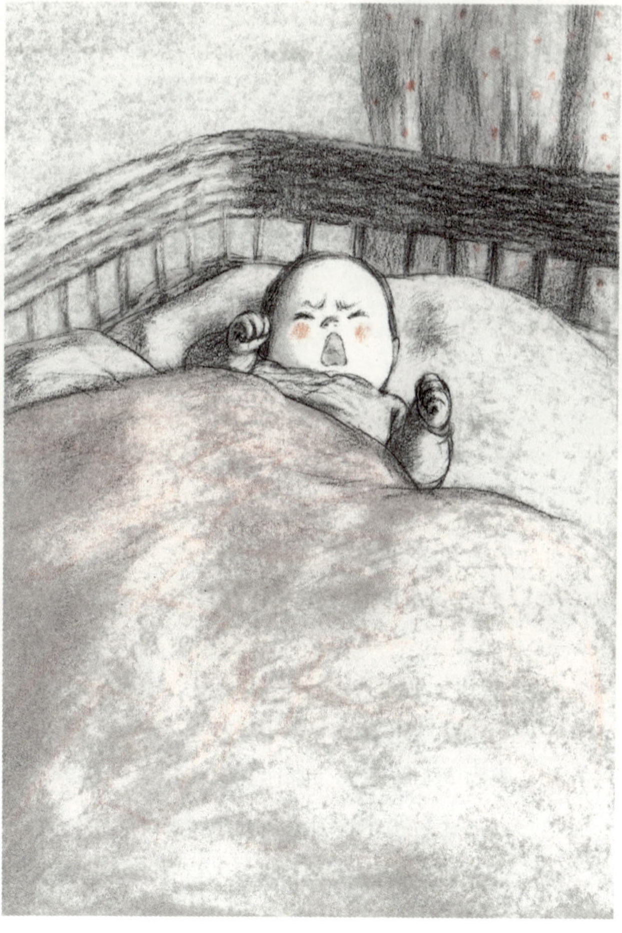

父母忘了在婴幼儿期做的事，

什么时候补救都不会“为时已晚”。

无论孩子几岁，都可以补救。

而且，必须补救。

对人的信赖感以及自豪感、自信感等，肯定是越早培育越好。

但我觉得即使这些感觉没有在生命早期培育，也可以补救。因为人不论多大，都能补救或学习自身必需的东西。如果在婴幼儿期必须做的事做得并不好，必须到学童期、青春期或青春期以后补救，那么是否能果断地去做，显得很重要。

虽然最后结果因补救时间和做法而异，但即使补救时间和做法相同，也存在个体差异。我们无法断言补救后能给孩子与婴幼儿期完全相同的东西。但即便如此，我也一直觉得补救成功是件十分可能的事。

当你想补救婴幼儿期忘了做的事时，应遵循一个原则：无论孩子多大，都要像婴幼儿期那样去做。

绝对而充足的依赖体验是孩子在成长路上必不可缺的东西，如果孩子在婴幼儿期缺少这种体验，无论孩子已上小学，还是已进入青春期，都会出现或多或少的问题。而出现问题的原因，正是婴幼儿时期没有打下牢固的依恋基础。所以孩子无论哪个阶段出现问题，都要考虑让孩子回到婴幼儿期的状态开始重塑，重新给孩子充足的依靠，让他们体验幼儿生活，弥补婴幼儿时期的缺憾。对成长和发育不顺利的孩子，回溯到之前的阶段好好弥补，这种宽松的育儿方式也是目前临床治疗常采用的方法。

拒绝上学的孩子以及患有拒食症的年轻人，有不少需要重新体验依赖父母的感觉。我觉得有不正当行为或已走上犯罪道路的年轻人也是如此。此外，患有边缘性人格障碍（Borderline Personality Disorder）的青年，有的也必须先从补救婴幼儿期缺失的东西开始做起。

我一直觉得，从青年开始补救，即使很难做到完美，也还是有可能补救成功的。

有人会疑问，已经长大处于青春期的孩子，父母已经很难把他们按在怀里宠溺，亲他、抱他了。那么父母还能做什么呢？其实，父母的用心，对孩子来说非常重要。因为它可以让孩子感受到生命的可贵、生活的美好。父母可以问一下孩子想吃什么，用心地准备一顿饭菜；可以带孩子去旅行，来一场温馨的亲子之旅；等等。这些不一定要花费很多，但父母体贴的心很重要。父母应记住，不管是育儿还是教育，都需要持之以恒的坚持和努力。

虽然从我的临床经验来看，确实是年龄越大，补救工作越容易出现不足之处，但有时即使父母没有补救的打算，孩子本人或青年本人也会试图去做一些补救工作。

我曾在T医大医院见过这么一个例子：一个上小学四年级的男孩虽然有说话能力，但一直处于不说话的缄默状态，在给他做心理咨询工作的中途，这个孩子突然像婴儿一样哭泣。哭声与婴儿的声音真的没什么区别。因为听起来就是婴儿的哭声，所以当时从我心底涌现的想法是“没做任何练习，为什么能发出如此好听的声音”。之后，这个男孩开口说的第一句话是“我想钻进护士长的肚子”。我认为这是这个男孩回到胎生期重新生长发育的表现。他后来考入了日本偏差值最高的公立大学。

这个男孩现在依然是T医大医院的热议对象。迄今为止，这样的事例我见过很多。

在访问为拒绝上学或患有学习障碍等疾病的孩子开办的自由学校时我发现，即使是上小学中年级或者上中学的孩子，也大多拥有可以让他们像幼儿一样无拘无束地玩耍的自由时间。观察在那里上学的孩子，我感觉他们是想通过这种度过时间的方式来补救婴幼儿时期的缺憾。

这个学校的中学生们曾一直在自由时间里与伙伴们开心地玩本应在小学低年级体验的游戏。他们其实是想通过在老师的帮助下玩这类游戏，重新做以前没做完的事。

我想，等他们做完这些事，他们应该就能走向真正的自立了吧!

育儿中的缺憾，无论什么时候补救都来得及。而且，只要有缺憾，就必须补救。

图书在版编目（CIP）数据

我们的孩子：看见、倾听及改变 /（日）佐佐木正美著；周志燕译 .
-- 北京：北京时代华文书局，2020.5
ISBN 978-7-5699-3597-4

Ⅰ . ①我… Ⅱ . ①佐… ②周… Ⅲ . ①儿童教育—家庭教育 Ⅳ . ① G78

中国版本图书馆 CIP 数据核字 (2020) 第 031225 号
北京市版权著作权合同登记号 图字：01-2018-1970

Kodomo No Kokoro No Sodatekata By Masami Sasaki

First published in Japan in 2016by KAWADE SHOBO SHINSHA Ltd. Publishers
Simplified Chinese translation rights arranged with KAWADE SHOBO SHINSHA Ltd. Publishers through CREEK & RIVER Co., Ltd. and CREEK & RIVER SHANGHAI Co., Ltd.

我们的孩子：看见、倾听及改变
WOMEN DE HAIZI KANJIAN QINGTING JI GAIBIAN

著　　者 | [日] 佐佐木正美
插　　画 | [日] Chiaki Okada
译　　者 | 周志燕

出 版 人 | 陈　涛
图书策划 | 袁思远　陈丽杰
责任编辑 | 袁思远　仇云卉
责任校对 | 陈冬梅
封面设计 | 左左工作室
版式设计 | 迟　稳
责任印制 | 刘　银　范玉洁

出版发行 | 北京时代华文书局 http://www.bjsdsj.com.cn
北京市东城区安定门外大街 136 号皇城国际大厦 A 座 8 楼
邮编：100011　电话：010 - 64267955　64267677
印　　刷 | 三河市嘉科万达彩色印刷有限公司　0316-3156777
（如发现印装质量问题，请与印刷厂联系调换）
开　　本 | 787mm×1092mm　1/32　印　　张 | 6.25　字　　数 | 82 千字
版　　次 | 2020 年 8 月第 1 版　印　　次 | 2020 年 8 月第 1 次印刷
书　　号 | ISBN 978-7-5699-3597-4
定　　价 | 49.00 元